Liebe Schülerinnen und Schüler!

Grundherren und Bäuerinnen, Ritter, Schwerter, Pest und Folter – grobe Kittel, Pelzkragen und Eisenschuhe – Helm, Barett und Krone – Hunger in einer kalten, dunklen Stube, aber auch prächtige Festessen an glänzenden Tafeln, bei denen fahrende Sänger ihre Lieder vortrugen … all das hat mit einem Jahrtausend zu tun, das wir „Mittelalter" nennen. Eine weit entfernte Zeit – zwischen den Jahren 500 und 1500 – die wir heute nur noch schwer verstehen können. Damals lebten Menschen, von deren Alltag wir uns bis heute oft nur halb-realistische Vorstellungen machen …

Genau genommen müssten wir dieses abenteuerliche Jahrtausend in ganz verschiedene Abschnitte teilen: In der Völkerwanderungszeit war vieles anders als zu Zeiten Karls des Großen; in der Zeit der Kreuzzüge und Ritterturniere lebten und dachten die Menschen wieder anders als im Spätmittelalter, als die Bauern zu Kämpfen gegen ihre Herren aufstanden und in den großen Städten die Händler internationale Geschäfte machten …

Sei's drum! Wir haben für euch eine Fülle von Ideen zusammengestellt, die euch in lebendigen Kontakt mit dem Leben der Menschen im Mittelalter bringen sollen. Wir sind da gar nicht pingelig gewesen: Wenn etwas interessant war, wenn tolle Aufführungen und Spiele möglich schienen, wenn Anregungen zum Basteln und Fotografieren, zum Rätsel lösen und Informationen sammeln nahelagen – dann haben wir es euch zur Bearbeitung vorgeschlagen.

Wir sind davon ausgegangen, dass wichtige Dinge vorher oder nachher im Unterricht behandelt wurden, dass es aber Spaß macht und das Weiterlernen fördert, wenn man sich dem Mittelalter auf andere Weise nähert: In der Rolle von Turnierrittern, Kauffrauen und Mönchen, Turmwächtern und Henkern, bei nachgespielten Gerichtsverhandlungen oder Markttagen, wenn man sich in die Handwerker- oder Bauernfamilien versetzt oder sich informiert, wie es um Krankheit und Tod, Glauben und Aberglauben, Wissenschaft und Technik bestellt war.

Wichtig ist, dass ihr ein Thema findet, das euch interessiert, dass ihr selbst forscht, baut, malt, klebt, Theater spielt oder Musik macht und dass am Ende ein Ergebnis herauskommt, das euch selbst und anderen (Besuchern, Gästen, Mitschülern usw.) auch gefällt.

Ein riesengroßes Fest, von dem alle noch nach Jahren sprechen, ist zwar ganz schön, aber nicht wirklich wichtig: Eine kleine Ausstellung an der Klassenwand, ein Bericht aus dem Ortsmuseum oder ein Rollenspiel über Streit auf dem Markt tun es auch.

Wenn ihr zu mehreren Klassen oder Gruppen arbeitet, kann man die Einzelergebnisse leicht zusammenfügen: ein Puzzle aus ganz verschiedenen Einzelteilen kann ein schönes Bild ergeben.

An einer (Großstadt-)Schule haben die Projektgruppen beispielsweise wie folgt gearbeitet:

Gruppe A *hat ein improvisiertes Draht-Gehege mit Tieren besorgt, die es auch im Mittelalter gab: Lämmer, Enten, Hühner, Tauben, Kaninchen und – das war sehr lustig – mit einem kleinen Schwein, dass die Schulwiese völlig umgegraben hat.*

Gruppe B *hat Musik ausgesucht, eine Gruppe Ausrufer beschäftigt und eine selbsterfundene Gerichtsszene gespielt, mit abgehackter Gummihand und viel Blut. Ganz einfache Kostüme waren aus Tüchern und Kordeln improvisiert …*

Gruppe C *hat ein halbes Lamm am Drehspieß gebraten, Gemüse ausgestellt, selbstgebackenes Brot verkauft und Kinder-Bier gebraut, lecker!*

Gruppe D *hat das Modell einer Burg gebaut und mit Figuren besetzt; Helme aus Pappe oder Dosenblech gab es auch, und ein Schaukampf mit Holzschwertern erzeugte großes Hallo …*

Gruppe E *hat Holzlöffel geschnitzt, Tonteller hergestellt und auf Plakaten Werkzeuge und Handwerksberufe des Mittelalters vorgestellt.*

Also, es war gar nicht schwer, es hat jede Menge Spaß gemacht, und alle haben viel gelernt. Schaut in Ruhe vor allem den allgemeinen Info-Teil durch, wo ihr viele Anregungen finden könnt *(Inhalt, S. 2, Fundgrube, S. 5, Such-Raster, S. 6)*.

Ihr könnt von einem Thema ausgehen, aber euch auch von einer Arbeitstechnik anregen lassen, die ihr gern ausprobieren würdet. **Nehmt euch nicht zuviel vor und versucht eine Arbeitsplanung** (Seite 4). Dann braucht ihr nur noch die Vorstellung der Ergebnisse zu planen, Schilder zu malen oder Info-Plakate und los gehts … Ist das Projekt vorbei, setzt ihr euch nochmal zusammen und überlegt, was ihr beim nächsten Mal anders machen wollt …

Na, dann los!
Viel Spaß, Euer Projektmapper-Team

- **Auf der nächsten Seite findet ihr eine Übersicht zu einem Großprojekt mit 5 Projektbausteinen** *(und einer Sammelkiste)*.
- **Zu jedem der Bausteine** *(1–5)* **gibt es eine Steuer-Seite mit vielen Anregungen, Aufgaben und Arbeitsvorschlägen.** *(Seiten 11, 23, 35, 47, 59)*
- **man muss nicht alles bearbeiten**; jede Seite „funktioniert" auch für sich und kann interessante Ergebnisse bringen.

Inhalt

Zeitreise ins Mittelalter

Wegweiser durch ein mögliches Großprojekt und seine kleinen „Ableger"

Hier findet ihr Projektideen nach 5 Teilbereichen geordnet, aus denen sich – wie aus einem Baukasten – einzelne Teile bearbeiten und zu einem Ergebnis-Puzzle wieder zusammensetzen lassen. Welcher Bereich interessiert euch am meisten? Durchblättern, auswählen, mit eigenen Ideen verändern und ergänzen!

Projektplanung, Tipps und Infos
Hilfen zu:
– Themenfindung
– Planung
– Präsentation und
– Fest

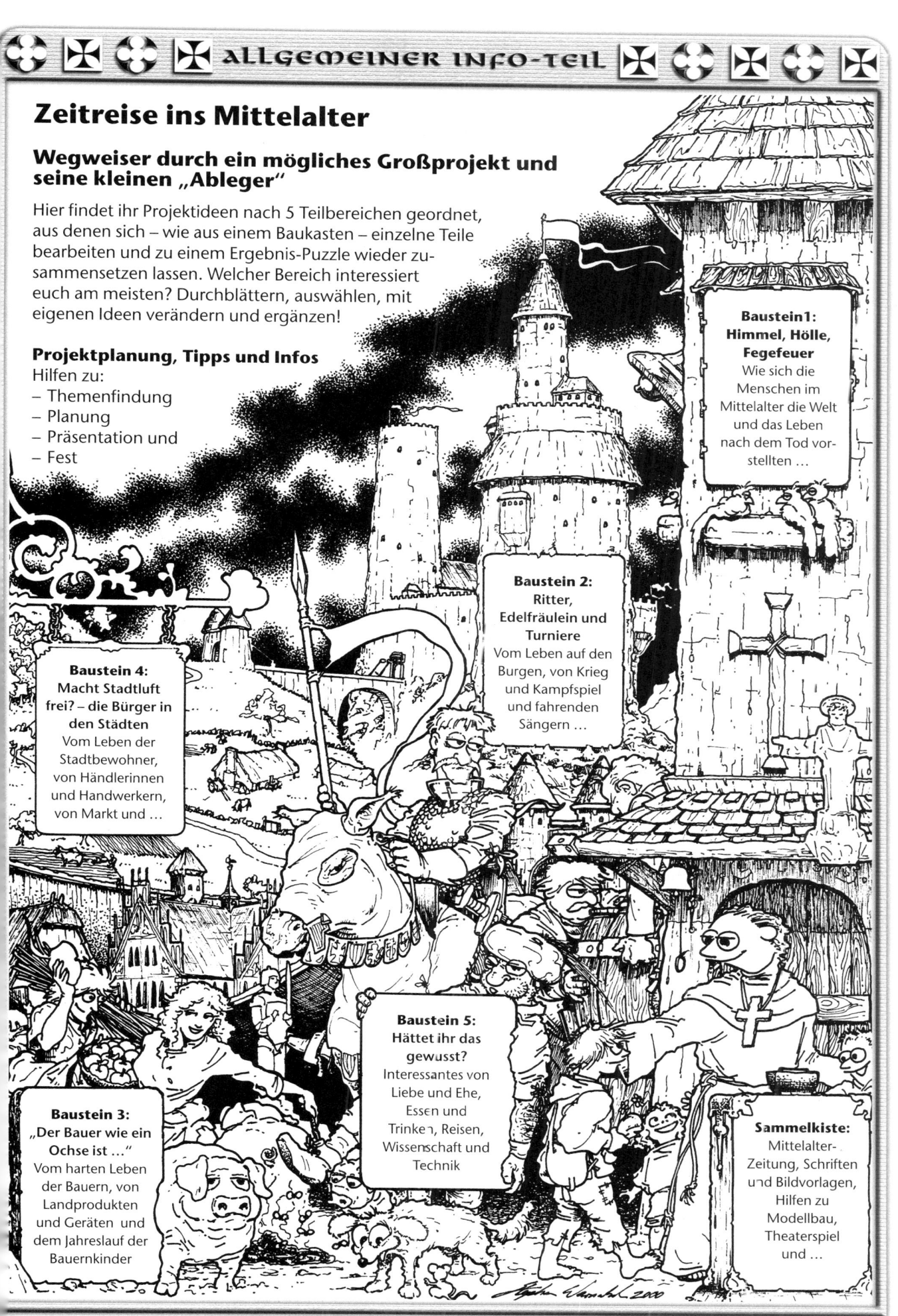

Baustein 1:
Himmel, Hölle, Fegefeuer
Wie sich die Menschen im Mittelalter die Welt und das Leben nach dem Tod vorstellten …

Baustein 2:
Ritter, Edelfräulein und Turniere
Vom Leben auf den Burgen, von Krieg und Kampfspiel und fahrenden Sängern …

Baustein 4:
Macht Stadtluft frei? – die Bürger in den Städten
Vom Leben der Stadtbewohner, von Händlerinnen und Handwerkern, von Markt und …

Baustein 3:
„Der Bauer wie ein Ochse ist …"
Vom harten Leben der Bauern, von Landprodukten und Geräten und dem Jahreslauf der Bauernkinder

Baustein 5:
Hättet ihr das gewusst?
Interessantes von Liebe und Ehe, Essen und Trinken, Reisen, Wissenschaft und Technik

Sammelkiste:
Mittelalter-Zeitung, Schriften und Bildvorlagen, Hilfen zu Modellbau, Theaterspiel und …

Wie man's macht! Projekt: Wir erforschen das Leben im Mittelalter

Viele Fragen zur Vergangenheit.

„Wer hat früher in Haus Isenburg gewohnt? Wieso heißt die Färbergasse so? Warum ist ein Adler in unserem Stadtwappen?" – Zu viele Fragen auf einmal? Eigentlich nicht. Wo viele Schülerinnen und Schüler in einer Klasse zusammen sind, können auch verschiedene Gruppen arbeiten. Wie Detektive könnt ihr herausfinden, wie es früher im Ort oder im Viertel war.

Wichtig ist, dass ihr euch richtig organisiert. Dazu hier ein paar Hilfen:

1. Schritt: Themen finden *(einzeln oder zu zweit)* sortieren und ergänzen *(gesamte Klasse)*

a) Ideen suchen durch: Spaziergang mit Notizblock oder Kassettenrekorder; Blätter in Zeitungen und Büchern; Leute fragen, was sie von früher wissen; Überlegen, was man selbst interessant findet usw.

b) Ideen als Stichworte auf einem Zettel notieren.

c) Die Seiten dieses Projektheftes durchblättern!
   – Interessiert ein Thema besonders?
   – Findet ihr eine Arbeitsweise, Technik, Methode interessant?

d) Vorschläge am „Projektbaum" sortieren,

e) gemeinsam ansehen und Ergänzungsvorschläge sammeln und ergänzen.

f) Die fertige Sammlung besprechen: Was könnte man bei den einzelnen Themen tun, herausfinden, herstellen usw.

Das ist der „Projektbaum" der Klasse 6.1:

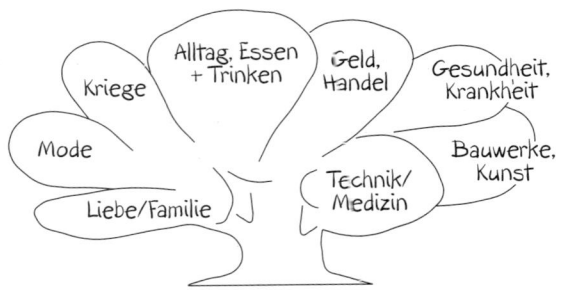

2. Schritt: Gruppen bilden

a) Wenn euch eine Sache besonders interessiert, ordnet euch einer Gruppe zu.

b) Für die Zeit der gemeinsamen „Forschungsarbeit" sollen alle zusammenhalten. Dazu muss man nicht befreundet sein. Alle in der Gruppe sind gleichberechtigt!

3. Schritt: Arbeit planen

a) Besprecht, was wollt ihr tun!

b) Schreibt auf, was ihr vor habt. Die Sätze sollen so beginnen: „Wir wollen herausbekommen, …", „Wir wollen ausprobieren, …" „Wir wollen abbilden *(Foto, Zeichnung usw.)*, …", „Wir bauen … "

4. Schritt: Arbeit verteilen und organisieren

c) Braucht ihr Hilfe? Wie kann sie besorgt werden?

d) Wer übernimmt welche Aufgaben? *(Wer kann einen Brief tippen, ein Telefongespräch führen, eine Kamera besorgen und bedienen, Bücher ausleihen usw. Erkundungen oder Interviews immer mindestens zu zweit!)*

e) Wo und wie lange soll gearbeitet werden?

f) Wie werden die Ergebnisse festgehalten und

g) anderen „präsentiert" *(vorgezeigt)*? *(Schön geschriebene oder getippte DIN-A4-Seiten: Spiel-Szene: Wandzeitung; Karte, Foto oder Modell? Tonband-Mitschnitt?)*

So haben sich Walter, Inge, Sonja und Sven organisiert:

Walter	Bibliothek nachgucken	Ausstellung vorbereiten
Inge	Museum anrufen + Termin machen	Bilder vergrößern/ Malen
Sonja	Farben + Papier organisieren	Modell planen + bauen (Frau Geiger um Hilfe bitten)
Sven	Material für Modell besorgen	

5. Schritt: Projekt durchführen

a) Alle arbeiten an ihren Vorhaben. Sonja und Sven sind bei Pfarrer Düppers, um sich alte Kirchenbücher anzusehen. Dann wollen sie mittelalterliche Teile der Kirche fotografieren. Walter und Inge wollen mit Frau Sänger vom Heimatmuseum reden, wie es früher im Ort war. Inge will mit ihrem älteren Bruder sprechen, ob er einen Kasten für das Modell bauen kann. Walter fragt, ob sie bei ihm zu Hause im Keller arbeiten können.

b) Zu festgelegten Zeiten treffen sich alle zu einer Zwischenbesprechung.

c) Wer fertig ist, hilft in einer anderen Gruppe.

d) Ergebnisse auswerten und zusammenstellen, sowie die Präsentation vorbereiten

6. Schritt: Ergebnisse vorstellen

a) Beim Sprechen/Vortragen abwechseln

b) Z. B. Fotos, Karten zeigen oder aushängen; kurze Tonban-Mitschnitte vorspielen.

c) Z. B. Ausstellung aufbauen und „Besucher" „führen" usw.

7. Schritt: Über Erfahrungen reden

a) Gab es besonders lustige, schwierige Momente?

b) Was konnte nicht geklärt werden? Wo ist man nicht richtig weitergekommen und warum?

c) Wie war die Zusammenarbeit?

d) Ist schon ein neues Thema aufgefallen, mit dem ihr euch demnächst beschäftigen wollt?

Was ihr alles tun könnt... („Ideen-Fundgrube")

■ **Geschichten zum Vorlesen, Nacherzählen, Dialogisieren**

lesen:
„Unter Gauklern" (Arnulf Zitelmann); „Kreuzzug in Jeans" (Thea Beckmann); „Der Bleisiegelfälscher" (Dietlof Reiche), „Robin Hood – Solange es Unrecht gibt" (Tilmann Röhrig); „Judith, die junge Priorin" (Wiebke von Thadden); „Klaus Störtebecker" (Boy Lornsen)

Vortrag
- Gedichte: Schiller „Der Handschuh"; Fontane: „Archibald Douglas"
- Eulenspiegel-Geschichten

■ **schreiben**

Reportagen aus Burg Winkelstein:
- ein Turnier, Leibeigene bringen Zins;

ein Brief aus dem Kerker von Neuss
andere Blickwinkel
- als Greifvogel hoch über dem Gelände aus Burg und Dorf;
- Treibjagd aus der Sicht des Fuchses, den Hunde aus seinem Bau aufgestöbert haben
- ein Schwert, ein Haus, ein Hemd, ein Löffel erzählt

Zeitreisen
- „Als ich 1320 im alten Frankfurt aufwachte …"
- „In Zukunft ist sicher alles toller …" (Ein Mädchen aus dem Mittelalter stellt sich das Leben in unserer Zeit vor)

Geschichten erfinden
- zu Bildern (im Geschichtsbuch)

■ **zeichnen, malen, ausschneiden, vergrößern**

- alte Gebäude und Inschriften abzeichnen
- Vogelperspektive: Reisewege aus der Luft; Stadt und Markt
- eine Kemenate mit Efeubändern an der Wand
- der Folterkeller von Nürnberg
- eine gedeckte Festtafel
- Farbabstufungen: In Wald und grüner Au (Grüntöne), das Dorf brennt (gelb-rot); Jahreszeiten (4 x das gleiche Bild einer Landschaft)
- Urkunden in alter Schrift,
- Abrieb von alten Grabplatten

■ **konstruieren, basteln, nähen, sticken, weben**

- Schnittmuster
- „Ummodeln" von alten gebrauchten Kleidungsstücken (z. B. Kampfrock aus altem Mantel mit abgeschnittenen Ärmeln)
- Namen oder Anfangsbuchstaben mit Kreuzstichen auf Leinentüchlein
- Flickenteppich aus Stoffresten (Schulwebrahmen)
- Fahnen und Bänder nähen

herstellen, bauen
- Teller aus Holz, Ton, Blech (angeblich Zinn), Schüsseln, Becher
- Kettenhemden aus Grobstrick oder silber besprühtem Stoff, Helme aus Pappe, Schwerter aus Holz, Schilde aus Pappe mit Wappen
- Pfeil und Bogen herstellen und Preisschießen auf Scheibe
- Wappenschilder
- Fachwerkhäuser mit Balkenkonstruktion und gewundenen Wänden, lehmverschmierten Gefachen
- Transparente mit mittelalterlichen Motiven (wirken wie Kirchenfenster)

■ **darstellendes Spiel**
Rollenspiel, Simulation, improvisierte Szenen

Akrobatik
- viele Tipps zum Rollenspiel Seite 75/76
- Feuerspucken mit Mehl, Jonglieren, Kunststücke, Zaubertricks, Stelzenlauf

■ **recherchieren, erkunden, dokumentieren**

Infos, die Kinder interessieren
- Tiere im Mittelalter (andere Rassen, andere Haltung, andere Verwendung) s. so lebten sie zur Zeit der Ritter
- Tagesläufe in Form einer 24-h-Uhr für Knechte/Mägde und Damen/Herren
- alte Handwerksberufe = Namen aus dem Telefonbuch suchen
- Kräuter, die würzen und heilen (sammeln, trocknen und pressen?)

Befragungen, Interview
- Was stellen Sie sich im Mittelalter schön und weniger schön vor?" „Wissen Sie etwas von früheren Zeiten in unserer Gemeinde?"

■ **spielen und genießen**
kochen, Spiele machen, Musik hören und aufführen

spielen
- Spiele der Bauernkinder („Blinde Kuh", „Verstecken")
- Brett-Spiele aus der Ritterzeit
- „Was bin ich?" (typische Handbewegung, Beruf raten)

Kim-Spiele
- mit verbundenen Augen Gegenstände in einer Blackbox tasten und raten; Gewürze in Döschen riechen (Aufschrift Unterseite), besonders im MA bekannte.

tanzen, musizieren
- Reigen und selbsterfundene Tänze zu mittelalterlicher Musik vom Band („ougenweide")
- Instrumente basteln (z. B. Brummbass aus Stock und Gummiband)

Musik hören
- „Der Marktplatz von Limoges" (aus: Mussorgsky „Bilder einer Ausstellung")

singen
- alte Handwerkslieder: „Die Leinweber haben eine saubere Zunft", „Wer will fleißige Handwerker sehn" und 1000 mehr

kochen:
- den täglichen Hirsebrei der Bauern;
- Braten von Zicklein und Hühnern am Grill
- Stockbrot am offenen Feuer backen
- Fische salzen oder räuchern
- Säfte pressen und Marmelade herstellen

Quatsch:
- Nonsense-Museum anlegen: Knochen eines Huhns von 1124 usw.
- Rätsel: Pfusch-Zettel gefunden mit einer Antwort: was war die Frage?

■ **Medien produzieren**
Hörbilder, Videos, homepages,

Fotos/Dias
- Zeitung aus dem Mittelalter mit Sportteil über Bogenschießen und Ringelstechen
- Foto-Detektive auf der Jagd nach alten Dingen

Such-Raster für mögliche Aktivitäten

Teil-Themen: Arbeits-Möglichkeiten ▷	Baustein 1 „Himmel, Hölle, Fegefeuer" ...	Baustein 2 „Ritter, Edelfräulein und Turniere"	Baustein 3 „Im Märzen der Bauer ..."	Baustein 4 "Macht Stadtluft frei?"	Baustein 5 „Allerlei aus dem Mittelalter"	Sammelkiste für alle Themen
Übersichten Chronologien Basistexte für Kinder Literatur-Vorschläge	11	23				
Infos/Einführungen zu einzelnen Aspekten	11	23	35	47, 56	59, 67	
Geschichten – zum (Vor-)lesen – Nacherzählen – Dialogisieren	14, 21	24, 32	36, 42, 45	53, 57	61	74, 75
schreiben *(auch: historische Zeitung, erfundene Briefe, Gruppen-Buch)*	13, 14	24, 25, 27, 30, 32	36, 44, 45, 46	53, 56, 57	61, 68	72, 74, 75, 76, 77
zeichnen malen ausschneiden vergrößern	13, 15, 17, 19, 21	25, 27, 28, 29, 30, 31, 32	39, 41, 42, 45, 46	51, 52, 53	60, 62, 64, 65, 66, 67, 69, 70	71, 72, 73, 74, 80
konstruieren bauen/basteln nähen	12, 17, 20, 18	27, 28, 29, 30	37, 41, 43		64, 68	79
darstellendes Spiel – Rollenspiel – Simulation – Szenen *(improvisiert)*	13, 14, 15, 17	24, 25, 28, 32	38, 44	47, 49, 53, 54	60, 61, 62, 69	74, 75, 76
recherchieren erkunden dokumentieren	12, 16, 17, 19	26, 29, 30, 31	37, 40, 42	48, 49, 51, 52, 55, 58	60, 62, 69, 70	
spielen und genießen – kochen à la ... – hist. Spiele machen – hist. Musik hören und aufführen – Stadtspiele und Rallyes planen und durchf.		25, 30, 33, 34	35, 40, 43, 44	48, 56	63, 69	
Medien produzieren – Hörbilder – Video – homepage – Fotos/Dias	17	24	36, 44, 46	48	60, 65, 66	77, 78
präsentieren ausstellen auswerten	15, 16, 17, 19	25, 30	35, 43	47, 58	66, 67	

Mittelalterliches Fest

Beispiel für drei turbulente Stunden

vorher: Einladungen, Stellplan, Einsatzliste für die Stände und Aktivitäten, Absperrungen usw.
während des Markttreibens: Wahrsager, Musikanten, Fressbuden, Würfeltisch, Handwerker in Aktion (s. z. B. S. 51/52) Verkaufsstände, Drahtverschläge mit lebenden Tieren, ein Lamm am Drehspieß, Geschichten-erzähler, Zahnbrecher, Gaukler, Kuriositäten-Kabinett, Mitmach-Aktionen, Spontan-Theater (s. S. 75/56) usw.

15.00 Uhr: Feierliche Markteröffnung

Der Herold kündigt nach Fanfarenstoß an:
Viele Jahre sind ins Land gegangen, eh dass wieder ein groß' Fest gefeyert werde … Dies sey nun wohlanständig und gebührlich zelebrieret … denn es hat der Kumpaney der siebenten Klasse *(dem hochedlen Herrn … / der hochedlen Dame …)* gar selbst gefallen, viel Volk zu rufen, Markt zu halten nahe dem Schulhause von (…) und zu künden von der harten Arbeit am Projekte, zu Nutz und Erbauung der Mägdelein und Knaben dieser Schule und der Besucher.
Hier werdet ihr mit Speisen geatzet und mit Obstes Saft getränket. Manch lustige Kurtzweyl ist bereitet, euch zu unterhalten und zu erfreuen *(als da sind Musica, Spiel auf dem Theater …)*. Auch Gaukler sind gekommen, euer Aug' und Ohr mit Schabernack zu ergötzen.
Nun denn sei das Fest eröffnet …
(Band zerschneiden oder Böller zünden, Fanfaren-klänge, rasseln und tröten … usw.)

15.30 Uhr: Gaukler auf dem Markt

Kunststücke, Balance-Akte, Feuerspucken, Eisen biegen, Gewichte *(aus Pappe)* stemmen, Theater-aktionen: König Drosselbart und seine Prinzessin usw.

16.00 Uhr: Marktgericht

Stadtbüttel haben eine(n) Bettler(in) ohne „Patent" entdeckt, wenig später einen Bäcker der zu kleine Brote gebacken hat; sie führen die Personen vor den Marktvogt. *(Neben dem Gerichtssitz ist ein Pranger „bestückt", Strafen wie „geißeln" und „tau-*

chen" werden ausgesprochen … Je nach Nerven-kostüm können auch Folter, Körperstrafen und „Hin-richtungen" ausgeführt werden: Einem Dieb wird unter großem Brimborium die Hand abgehackt (Gum-mihandschuhe mit Wackelpudding; zugebunden … viel rote Farbe (Theaterblut).*

16.30 Uhr: Musik und Tanz

Schreit-Tänze, Menuette oder Volkstänze werden vorgeführt;
(Vielleicht wird das Publikum zum Mittun aufge-fordert; Schürzen, Kittel, Hüte, Kopftücher verteilen; ein Tanz-Meister mit Schellenstab stößt den Takt.)

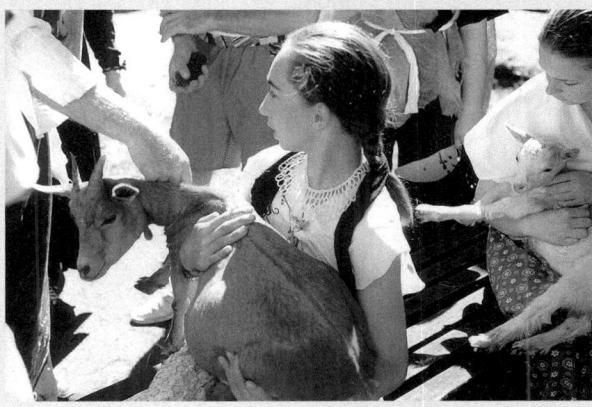

17.00 Uhr: Ritterliches Turnier

Zum Markt sind Schwertkämpfer und Turniergrup-pen erschienen, um zu kämpfen *(Huckepack-Pferde mit Reitern, die Pappschilde und Stangen mit weichen Puffs an der Spitze mit sich führen).*
Das „gemeine volk" vergnügt sich mit Kegelschie-ben, Tauziehen, Sackhüpfen und Eierlaufen …

17.30 Uhr: Spectakel

Allerlei Theaterspiel wird gegeben. Puppen- und Schattentheater, improvisierte Szenen, lebende Bilder, Haupt- und Staatsaktionen … Ein Narr im Schellenkostüm tobt immer wieder durch die Zu-schauer … bespritzt sie mit Wasser, bestreut sie mit Sägemehl usw.

18.00 Uhr: Feierlicher Schluss

Gemeinsame Liederrunde um ein Marktfeuer … Ruf der Nachwächter … Auszug der buntgekleide-ten Gruppen durchs (Schul-)Stadttor …

„Mitarbeits-Vertrag"

Hier haben Schülerinnen und Schüler in einem „Geleit-Brief" für sich selbst notiert, was sie zum Fest beitragen werden:

Geleit=Brief · Wege=Paß · Urkund'

Wir, Fridericus secundus, imperator romanorum et rex germaniae etc.
(Wir, Friedrich der Zweite, römischer Kaiser und König von Deutschland)
geben kund und zu wissen …

Dem/der viellieben

①

des Berufes

②

wird hiermit ein kaiserlicher Geleitbrief ausgestellt, womit er/sie sich frei bewegen möge auf unseren Straßen und Flüssen und allherum in unserem Lande ohngeachtet aller Steuern und Wegeabgaben.

Durch die Hand der Landvögte wird bescheiniget, daß oben gezeichnete/r sich folgender Wohltaten befleißigt habet:

Erstens:
ein schmackhaft Mahl oder ein leckeren Trunk spendieret

③

Zweitens:
in tugendsamer Kleidung und mit nützlich Gerät erschienen

④

Drittens:
in frischer Weise Hand angeleget um Ordnung zu schaffen

⑤

Nach dem alles füglich bescheiniget wurde, dies dem Klassen-Vogt/der Vögtin am End' der Festerey einzuhändigen.

Gegeben zu Colonia in der Feste Höhenhaus

Text in „alter Schrift"
① Name
② Rolle beim Fest (z. B. Nonne, Ritter, Gaukler, Kräuterfrau usw.)
③ Was bringt er/sie zum Essen und Trinken mit? (Spende)
④ Was soll an Kostümteilen und Gegenständen mitgebracht werden?
⑤ Welchen Aufräum- oder Ordnungsdienst hat der/die Einzelne?

Andere Präsentationsmöglichkeiten:

Wandzeitungen, große, gemalte Bilder (Tageslichtprojektor), Modelle, Austellung im Schulflur, Schülerinnen unterrichten Schüler anderer Klassen, Projektzeitung, Buch mit allen Texten und Bildern, Internet-Seiten, Elternabend, Projekt-Ergebnis-Nachmittag, Bericht in der Tageszeitung und vieles mehr …

Zeitleiste / Überblick

	Ereignisse in Deutschland	Ereignisse anderswo	Kunst und Kultur	Erfindungen, Entdeckungen, Alltag
600	Die Merowinger herrschen in Teilen des späteren Deutschlands.	Benedikt von Nursia gründet Benediktiner-Orden; Vorbild für viele später begründete Orden.		In West- und Südeuropa verfällt die römische Ordnung (Geld, Ackerbau).
650		Mohammed begründet den Islam; 672 Flucht nach Medina; Beginn islamischer Zeitrechnung	Klostergründungen	
700	Iro-schottische Mönche missionieren die Germanen; Bonifatius gründet Bistümer.	Ausbreitung des Islam und der arabischen Herrschaft in Nordafrika und Spanien	Aufblühen der arabischen Wissenschaft und Baukunst	
750	Pippin der jüngere König der Franken; sein Sohn Karl der Große (768–814) errichtet das „Heilige römische Reich deutscher Nation".	Der Frankenführer Karl Martell besiegt die Araber und stoppt ihren Vormarsch (732).	Die althochdeutsche Sprache entwickelt sich	Mühlen werden durch Wasserräder angetrieben. Ostereier (heidnische Fruchtbarkeitssymbole)
800	Karl wird in Rom zum Kaiser gekrönt (800). Karls Reich wird von seinen Söhnen in drei Teile geteilt (843).		Hildebrandslied; Goldschmiedearbeiten (Tassilo-Kelch)	Hopfen als Bierwürze angebaut
850			Gregorianischer Kirchengesang verbreitet sich in Europa. Neue Kloster- und Domschulen werden gegründet. Einhard beschreibt Leben Karls des Großen.	Einführung einer neuen Geldwährung: Karolingischer Pfennig bald in ganz Europa verbreitet.
900			Buchmalerei erlebt in Deutschland erste Blüte.	Benutzung warmer Bäder wird Mode. Dreifelderwirtschaft bestimmt für 1000 Jahre die Landwirtschaft in Mitteleuropa.
950	Otto der Große deutscher König (936–973).			Burgen werden immer mehr auf Hügel und Berge gebaut.
1000	Otto wird römischer Kaiser (962).		Trompete, Dudelsack, Fiedel und Hackbrett werden durch Araber in Europa bekannt. Neuer Höhepunkt der Buchmalerei in Süddeutschland	Salzbergbau und Salzhandel gewinnen an Bedeutung.
1050			Kaiser Heinrich II. stiftet Bamberger Dom. Frühromanische Baukunst in Mitteleuropa.	Der Wikinger Leif Erikson entdeckt die nordamerikanische Ostküste.
1100	Kaiser Heinrich IV. (1055–1106) geht nach Canossa, um sich vom Kirchenbann zu lösen. (1077)	Wilhelm v. d. Normandie erobert England (1066). Papst Gregor VII. (1073–1085) sucht die Macht der Kirche zu stärken. Araber erobern Palästina; 1. Kreuzzug (1096–1099), Befreiung Jerusalems.	Bildung der Nationalsprachen in Europa. „Deutsch" wird Sprache und Volksbezeichnung.	Fernhandel entwickelt sich in Europa. Bierbrauerei wird eigenes Gewerbe.
1150	Friedrich I. von Hohenstaufen (Barbarossa) (1152–1190) deutscher Kaiser.	3. Kreuzzug (1189–1192); Kaiser Barbarossa ertrinkt im türkischen Fluss Salef.	Turniere als ritterliche Kampfspiele. Zeit des Minnesangs und der Heldenliederdichtung (Nibelungenlied, Parzival) Höhepunkt der romanischen Baukunst.	Handwerker bilden erste Zünfte. Steinerne Brücke in Regensburg gebaut
1200	Friedrich II. (1215–1250) Kaiser in Deutschland-Italien. Die Ritter des Deutschen Ordens erobern Ostpreußen.	Sizilien wird unter Friedrich II. Muster eines modernen Staates. Mongolen brechen ihren Vorstoß nach Europa ab (1241).	Universitäten werden in Europa gegründet (Paris, Bologna, Salamanca). Gotischer Baustil entwickelt sich in Frankreich	Wappen und Siegel werden verwendet – Herkunft und Beruf dienen als Familiennamen (z. B. Schwab, Grazer, Müller, Schmied).
1250	Hinrichtung des letzten Staufers Konradin in Neapel (1268).		Gotik beginnt auch in Deutschland.	Erz- und Salzbergbau werden immer wichtiger. Wien bekommt Stadtrecht.
1300	Die Reichsstädte werden zahlreicher und erhalten mehr Rechte (Münz-, Zoll-, Markt-, Wehrrecht) Entstehung des Hanse-Bundes.		Höhepunkt der gotischen Baukunst. Dante schreibt die „Göttliche Komödie". Erste deutsche Universität in Prag (1348).	Goldmünzen (Gulden, Dukaten) werden von Florenz und Venedig aus wichtiges Geld. Brot wird neben dem Brei immer beliebter. Tuch- und Wollhandel wächst in Italien und den Niederlanden. Durch Kreuzzüge gelangen Reis, Pfeffer, Zitrone, Zucker, Stoffe nach Europa, aber auch Ratten und Krankheiten. Die Pest fordert Millionen Menschenleben.

Kleine Auswahl ... Literatur, Medien, Materialien

1. Bücher speziell für Jugendliche

Brinker, C: **Die Ritter von Drachenburg.** dtv junior, München 1991 *(viele Infos zum 13. Jh.)*
Farré, M.: **Stolze Burgen, edle Ritter.** Otto Maier Verlag, Ravensburg 1986 *(für jüngere Schülerinnen und Schüler)*
Macauly, David: **Es stand einst eine Burg.** dtv junior, München 1980
ders.: **Sie bauten eine Kathedrale**
Meißner, Klaus: **Leben im mittelalterlichen Dorf** 1+2. Cornelsen, Berlin 1997 *(Heftchen mit Abb. aus dem Museumsdorf Düppel)*
Trease, Geoffrey: **Das goldene Elixier.** Beltz & Gelberg, Weinheim ´93 *(spannende Abenteuergeschichte mit Bezügen zur jüdisch-muslimischen Welt)*
Das Mittelalter *(Reihe: Die Geschichte des Menschen).* Tessloff Verlag, Nürnberg/Hamburg 1989 *(viele Themen in dieser Reihe: Burgen, Ritter, Kreuzzüge usw.)*
Walbrecker, D.; Sartin, L.: **Philip, der auszog ein Ritter zu werden.** Annette Betz Verlag, München 1989 *(Bilderbuch, beleuchtet Burgenleben auch kritisch)*

2. Sachbücher

Funcken, Liliane und Fred: **Rüstungen und Kriegsgerät im Mittelalter.** Mosaik-Verlag *(genauer ist keins!)*
deMause, Lloyd: **Über die Geschichte der Kindheit.** Suhrkamp, Frankfurt 1979
ders.(Hrsg.): **Hört ihr die Kinder weinen.** Eine psychogenetische Geschichte der Kindheit *(viele interessante und bestürzende Informationen für den Unterricht)*
Christie, Yves und andere: **Christentum. Formen und Stile.** Benedikt Taschen Verlag, Köln 1994 *(gute Vorlagen für Architektur-Zeichnungen)*
Schirmer, Eva: **Mystik und Minne. Frauen im Mittelalter.** Panorama Verlag, Wiesbaden o. J.

3. Zeitschriften u. ä.

Das Mittelalter. Ein neuer Blick auf 1000 rätselhafte Jahre. GEO Epoche 2, Gruner &Jahr, Hamburg 2000
Stadtleben im Mittelalter. Praxis Geschichte 2/94, Westermann, Braunschweig
Im Zeichen der Lilie *(Frankreich/Kapetinger).* Geschichte mit Pfiff 6/98, Sailer, Nürnberg
Gaukler, Bettler und Leprose. Geschichte mit Pfiff 9/95
Bischöfe, Bauern, Bürgerstolz. Geschichte mit Pfiff 8/99
Das Staunen der Welt *(Friedrich II.).* Geschichte mit Pfiff 12/96
Karl Erben. Geschichte mit Pfiff 12/98
Bauernleben. Geschichte mit Pfiff 10/96
Ostarrichi. Geschichte mit Pfiff 4/96
Die Hanse. Geschichte lernen 58/97, Friedrich Verlag, Seelze
Der deutsche Bauernkrieg. Geschichte lernen 55/97
Stauferzeit. Geschichte lernen 66/98
Vom Mittelalter zur Französischen Revolution. Spurensuche Geschichte 2, von P. Knoch *(Hg.),* Klett, Stuttgart 1991
Praxis Projekte 2, Sek. I., *(Hg. v. Jürgen Tatz)* darin: Projekt 4 *(von 11)* „Leben in einer feudalen Gesellschaft". Klett Stuttgart 2000

4. Romane über das Mittelalter

Im Buchhandel sind zahlreiche Romane erschienen, einer für alle:
Tilman Röhrig: **Wie ein Lamm unter Löwen.** Bergisch Gladbach, Bastei Verlag Lübbe 1998

5. Filme auf Video

in Videotheken, bei den Bildstellen und Stadtbibliotheken nach Videos suchen (z. B. „Der Name der Rose")

6. CD *(Lernsoftware und Spiele)*

„Gildenfest", „Kreuzzüge" – **Verschwörung im Königreich des Orients.** Ein multimediales Lernabenteuer. Cornelsen Software, 1998

7. Musik

Gruppen: Adaro, In Extremo, Freyburger Spieleyt, Spellbound (Drehleier), Wildwuchs, Ougenweide, Poeta Magica, Materia Mystica, Estampie anspruchsvoller: Oswald v. Wolkenstein, CD 74540, Christopherus-Verlag Freiburg 1988

8. Internet-Adressen

aktuelle Links finden sich in den gängigen Suchmaschinen wie Yahoo, firewall, alta vista usw. Unter dem Stichwort „Mittelalter" Spiele, Musikgruppen, Shops für mittelalterliches Outfit.

9. Materialien

Bilderbogen und Text: Jörg Müller, Anita Siegfried, Jürgen Schneider: Auf der Gasse und hinter dem Ofen. Verlag Sauerländer. ISBN 3–7941–3906–2 *(mit detaillierten Suchbildern, auf denen es viel zu entdecken gibt; teuer!)*
Malfarbe, die direkt auf Fensterglas aufgetragen werden kann, nicht herunterläuft und sich wie eine dünne Haut abziehen lässt: „Paint'n Peel", Eberhard Faber …
viele Materialien beim ALS-Verlag, 63114 Dietzenbach

10. Märkte / Feste

inzwischen gibt es zahllose in ganz Deutschland:
Termine in „Karfunkel" – Zeitschrift für erlebbare Geschichte, Hauptstr. 85, 69483 Wald-Michelbach,

11. Museen

hier eine Auswahl von Freilichtmuseen, geordnet von Nord- bis Süddeutschland
– Schleswig-Holsteinisches Freilichtmuseum, 24113 Kiel-Molfsee
– Rieck Haus/Vierländer Freilichtmuseum, Curslacker Deich 284, 21039 Hamburg
– Museumsdorf Düppel, Clauertstr. 11, 14163 Berlin
– Museumsdorf Cloppenburg – Niedersächsisches Freilichtmuseum, 49661 Cloppenburg
– Westfälisches Freilichtmuseum-Landesmuseum für Volkskunde, 32760 Detmold
– Niederrheinisches Freillichtmuseum Dorenburg, 47929 Grefrath
– Rheinisches Freilichtmuseum – Landesmuseum für Volkskunde, Auf dem Kahlenbusch, 53894 Mechernich-Kommern
– Freilichtmuseum Hessenpark, 61267 Neu-Anspach
– Fränkisches Freilandmuseum, Eisweiherweg 1, 91438 Bad Windsheim
– Museumsdorf Bayrischer Wald, 94104 Tittling
– Schwarzwälder Freilichtmuseum „Vogtsbauernhof", 77793 Gutach
– Freilichtmuseum Oberbayern, Auf der Glenleiten, 82439

Himmel, Hölle, Fegefeuer ...

Kurz-Information

Kirche und christlicher Glaube waren im Mittelalter das Maß aller Dinge; zu Beginn hatten irische und schottische Mönchen die deutschen Stämme missioniert. Unter Karl dem Großen gab es noch Zwangsbekehrungen. Der Einfluss der Kirche wuchs ständig, denn zunächst konnten nur Geistliche lesen und schreiben. Viele Menschen lebten als Mönchen, Nonnen, Priester oder in christlichen Gemeinschaften *(Beginen)*. Da Geistliche ehelos blieben, stützte sich der König gern auf ihre Hilfe. Nach und nach bildete sich das **christliche Abendland**, mit Papst und Kaiser an der Spitze. Kunst, Kirchenbau, Feste, Sitten und Bräuche, der Jahreslauf, kurz – das gesamte Leben war christlich bzw. kirchlich geprägt. Aus Angst vor Höllenstrafen sorgte man sich um das Weiterleben im Jenseits.

Was ihr herausfinden und tun könnt!
(Arbeitsfelder, Aktivitäten und „Produkte")

1 Wie war die Vorstellung von Erde und Himmel?
- sich über das Weltbild des Mittelalters informieren
- Schaubilder zeichnen oder Modell bauen
- herausfinden, welche Vorstellung die Germanen hatten *(Götter, Himmel, Weltende)* und in Bildern erklären

2 Warum viele Angst vor dem Weltgericht hatten
- sich erkundigen, wie die christliche Vorstellung von Himmel, Hölle und Fegefeuer aussah
- entsprechende Bilder in Bildbänden suchen, vergleichen und erklären *(Tipp: Lochner, Bosch)*
- Mysterienspiel, z. B. Lazarus und der reiche Prasser *(dessen Seele in der Hölle fährt)*

3 Wie lebten Mönchen und Nonnen in den Klöstern?
- herausfinden, warum Menschen in Klöstern leben wollten,
- welche Orden es gab/gibt
- ein Kloster besuchen und mit den Bewohnern sprechen
- Grundriss eines Klosters zeichnen oder Klostermodell bauen
- für ein Spiel eine Kutte nähen
- gregorianische Choräle *(CD)* hören oder selbst singen

4 Wie wurden romanische und gotische Kirchen gebaut?
- sich über die beiden Baustile informieren und Bauelemente *(z. B. Fensterbögen und Türme)* zeichnen
- Schritte beim Bau einer Kathedrale auf Schaubild erklären
- Modellbau-Bögen zusammenkleben
- Kirchen in der Nachbarschaft untersuchen und fotografieren

5 Welche Bedeutung hatten die Glasfenster der Kirchen?
- herausfinden, warum Glasfenster so wichtig waren und es anderen erklären
- eine biblische Geschichte in die Umriss-Vorlage eines Glasfensters malen
- Leuchtbilder selbst herstellen *(Transparentpapier)*
- Glasfenster in einer Kirche eures Wohnortes abzeichnen und erklären

6 Welche Menschen des Mittelalters wurden zu Heiligen erklärt und was glaubten die Christen von ihnen?
- herausfinden, wie es zur „Heiligsprechung" kommt
- einen Heiligen des Mittelalters vorstellen *(Bild, Lebenslauf, Patronat)*
- herausfinden, ob in eurem Ort Bilder von Heiligen zu finden sind (Kirche, Wappen, Fahnen usw.)
- Wer ist abgebildet? Warum wählte man gerade diese Heilige/diesen Heiligen?
- Personen interviewen, wie sie zu einzelnen *(oder allen)* Heiligen stehen

Präsentationsvorschläge
(Vom Einfachen zum Aufwändigeren ...)
– Ausstellung „Kirchen und Klöster" mit Modellen, Bildvergrößerungen, Info-Texten und Hintergrundmusik von einer CD *(gregorianische Choräle, Orgelmusik)*
– erfundene „Predigt" einer Äbtissin oder eines Mönchs über das Jenseits
– Beteiligung am großen Mittelalterfest mit Mysterienspiel, Gruppen von Gläubigen, die große Heiligenbilder tragen, Kirchbaumeistern, Predigern, Pilgern und Gesangsgruppen

Zu 2 und 3:
Vorsicht! Keinen Unsinn treiben, **die religiösen Gefühle gläubiger Menschen achten!**

7 Sonstige interessante Themen zur Bearbeitung:
- Wallfahrten und Pilgerfahrten *(z. B. nach Santiago de Compostella; Karte, Pilgerkleidung, Berichte)*
- Stellung der Frau in der mittelalterlichen Kirche
- Verfolgung von Ketzern und Hexen

Das Bild von Himmel und Erde

Wie sich mittelalterliche Menschen die Welt vorstellten.

1. Informiert euch über das Weltbild von Altertum und Mittelalter anhand der nachstehenden Materialien.

2. Nennt Gründe für die Einstellung der Menschen; sucht Beispiele aus der Gegenwart, für die ihr selbst keine einfache Erklärung findet *(z. B. wieso schwimmt ein tonnenschweres Schiff aus Eisen; wieso hebt sich ein Flugzeug in die Luft usw.)*

Wissenschaftliche Fragen soll die Bibel beantworten ...

Die Welt stellten sich die Menschen seit der Antike so vor, wie sie sie mit eigenen Augen sehen konnten: Über der Erdscheibe mit Land und Meer wölbt sich der Himmel. Die Gestirne bewegen sich. Sie „gehen auf", wandern über den Himmelbogen und „gehen unter".

Am Ende des Mittelalters fand der polnische Priester und Gelehrte Nikolaus Kopernikus *(1473 – 1543)* heraus, dass sich die Erde und alle Planeten um die Sonne drehen. Weil das aber der Lehre der Kirche völlig widersprach, hielt er seine Kenntnisse dreißig Jahre geheim. Als er sie dann veröffentlichte, wurde sein Buch verboten.

*Bild des Kopernikus
mit einem astronomischen Modell*

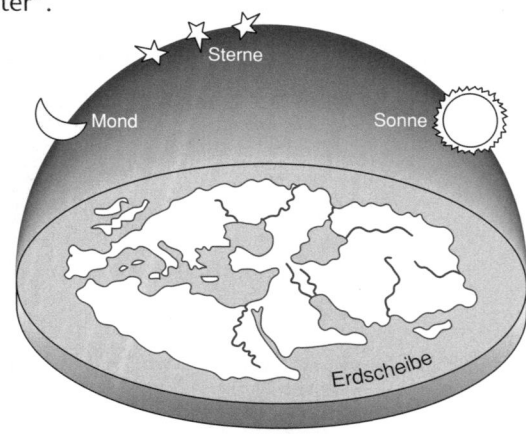

In der Unterwelt befindet sich die Hölle, hoch „über den Himmeln" lag das Paradies, wo sich Gott mit seinen Engeln befand.

In der Unterwelt befindet sich die Hölle, hoch „über den Himmeln" lag das Paradies, wo sich Gott mit seinen Engeln befand.

Unwissenheit macht Aberglauben

Die meisten Menschen des Mittelalters konnten nicht lesen und schreiben. So gut wie nie kamen sie aus ihren Dörfern und Städten heraus.

Den Naturereignissen fühlten sie sich schutzlos ausgeliefert. Wenn ihnen etwas unerklärlich war, versuchten sie – wie Kinder – einen (märchenhaften) Sinn zu finden. *(Blitz = Feuerstrahl Gottes; Donner = „der liebe Gott schimpft"; Schnee = Frau Holle schüttelt ihre Betten auf; Regenbogen = von Gott an den Himmel gemalt als Zeichen seines Bundes mit den Menschen usw.)*

Krankheiten, Seuchen, der frühe Tod von Menschen und Tieren – aber auch Hungersnöte und Naturkatastrophen: alles Unglück kam *(so glaubten die Menschen)* als Strafe Gottes über sie. So wurden viele Vorkommnisse zu „Zeichen des Himmels".

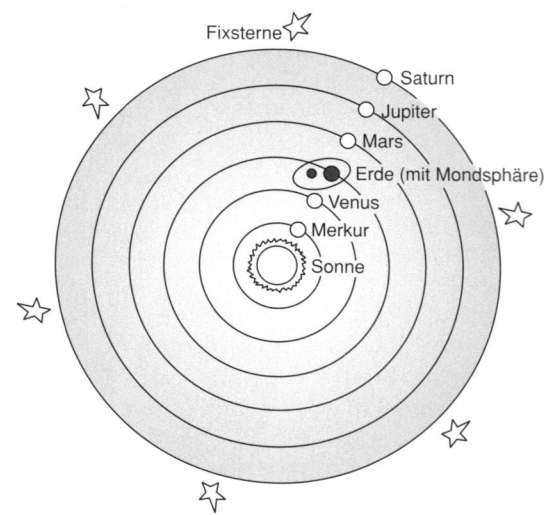

*Die Bewegung der Planten
nach der Berechnung des Kopernikus.*

Was ihr noch tun könnt ...

– Bastelt ein Modell des alten Weltbildes und stellt ihm das moderne *(wissenschaftliche)* gegenüber;

– Sucht im Lexikon nach Wissenschaftlern der beginnenden Neuzeit und berichtet über sie *(Agricola, Nikolaus v. Kues, Galileo Galilei, Leonardo da Vinci)*

– Sammelt Beispiele für heutiges abergläubisches Verhalten *(auf Holz klopfen, schwarze Katze von rechts usw.)*

– Sucht in Märchen und Sagen nach ungewöhnlichen Wesen und malt sie *(Riesen, Zwerge, Monster, Greifen usw.)*

Weltgericht – Urteil für die Ewigkeit

M1 Weltgericht

Alle glaubten an das Weltgericht

Das Leben im Mittelalter war unsicher. Die Menschen fühlten stärker als heute, dass sie jederzeit sterben konnten.

Nicht allein der Tod machte ihnen Angst, sondern vor allem die Frage, ob sie danach in den Himmel oder in die Hölle kämen. Wer keine so genannten Todsünden begangen hatte, hoffte auf eine vorübergehende Straf-Zeit im Fegefeuer.

Wie der Maler dieser Bilder, so stellen auch die Priester den Menschen die Schrecken der Hölle und die Freuden des Himmels dar. Absturz ins ewige Feuer oder ewiges Freudenfest bei Gott und seinen Engeln – beides konnte in Frage kommen! Deshalb versuchte man zu Lebzeiten, mit guten Werken *(zum Beispiel: Spenden)* auf den Richter-Gott einen guten Eindruck zu machen. Wer konnte, sorgte dafür, dass nach seinem Tod fleißig für seine Seele gebetet wurde.

1. Versucht mithilfe von Text und Bildern eine Vorstellung vom Weltgericht und den „Sündenstrafen" zu bekommen.

Was ihr noch tun könnt …
– Bilder auf Folie kopieren; vergrößert malen
– „Predigt" entwerfen für eine mittelalterliche Gemeinde. Thema: Was ist mit dem Weltgericht?
– Traum-Spiel: Ein Toter aus dem Fegefeuer erscheint seiner Familie und warnt sie vor sündigem Leben …

2. Zu M1: Was geschieht? Welche Personen sind abgebildet? Was bedeuten Schwert, Lilie, Trompeten usw.

3. Zu M2: Was geschieht? Welche Strafen zeigen die Bilder?

M2a Das jüngste Gericht, Ausschnitt (1443–46, Altargemälde)

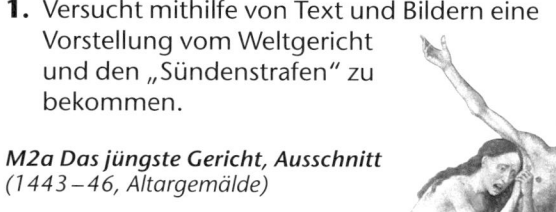

M2b Das jüngste Gericht, Ausschnitt (1303/66, Fresko aus der Arenakapelle in Padua, Italien)

Gerechtigkeit im Jenseits: Arme im Glück, Reiche im Verderben!

Der arme Lazarus und der reiche Prasser (Buchmalerei um 1030 n. Chr.)

Hilfe: die unteren zwei Drittel eines Bildes aus einem handgeschriebenen Evangelientext;

oben: Der arme Lazarus liegt auf der nackten Erde und stirbt; seine Seele wird von Engeln in den Himmel („in Abrahams Schoß") getragen; auf dem Schriftband in lateinischer Sprache:
HIC PAUPER MORITUR ABRAHAMS GREMIO QUE LOCATUR

unten: Im Kreis seiner Familie stirbt auch der reiche Verschwender; seine Seele wird von Teufeln ins Höllenfeuer transportiert. Spruchband-Text: DIVES OBIT MUNDO DIRO CRUZIANDUS INVERNO

1. Sucht den vollständigen Text im Neuen Testament *(er steht bei Lukas 16, 19–31)*.
2. Malt die Geschichte auf großflächiges Papier *(Den fehlenden ersten Bildstreifen könnt ihr nach dem Bibeltext selbst entwerfen.)* Hilfe: Vorlage auf Folie kopieren und mit Tageslichtprojektor vergrößern
3. Schreibt einen Kommentar: Welche Wirkung wird diese Geschichte auf die Menschen des Mittelalters gehabt haben?

Was ihr noch tun könnt …
– Findet heraus, was mittelalterliche Mysterien-Spiele waren … und
– Spielt ein selbst erdachtes kurzes Stück zur Geschichte des Lazarus.

Viel Aufwand für die „Jenseitsvorsorge"

Menschen wollten sich absichern: nach ihrem Tod sollte die Zeit im „Fegefeuer" abgekürzt werden. Das hoffte man zu erreichen, in dem man fromme Stiftungen machte. Geistliche sollten für den Toten beten, Kirchenausstattungen sollten „gottgefällig" wirken um die Gnade Gottes zu verdienen …

1. Ihr könnt die Geschichte der Stiftung erzählen, ausschmücken *(Was hat der Stifter gedacht, mit wem hat er geredet?)* und evtl. spielen.

2. Übertragt das Schaubild auf große Kartons, malt es farbig aus und arrangiert dazu eine Ausstellung *(Bilder von der Hölle, Gegenstände der Stiftung [z. B. Getreidesäcke, Kerzen], Erklärungstafeln, usw.)*

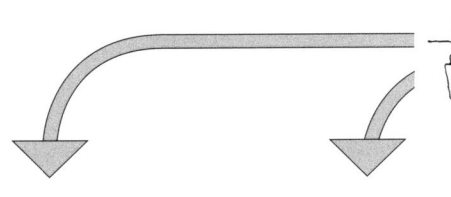

Der Stifter

1. Der Stifter vermacht einen Teil seines Grundbesitzes oder ein Barkapital als Pfründe seinem Altar.

2. Mit einem weiteren Grundzins unterhält der Stifter ein Ewiges Licht vor seinem Altar.

3. Bei einem Maler bestellt der Stifter das Altarbild (Retabel).

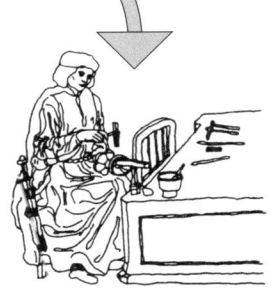

4. Das liturgische Gerät (Kelch, Patene, Leuchter) lässt er von einem Goldschmied herstellen.

5. Der leibeigene Bauer und alle seine Nachfolger liefern fortan einen Teil ihrer Ernte jenem Priester ab, der die Pfründe jeweils besitzt.

6. Mit dem Wachszins soll bis zum Jüngsten Tag das Licht vor dem Altar gespeist werden.

7. Das Altarretabel schmückt den Altar.

8. Das liturgische Gerät dient der Zelebration der Messe.

9. Der Kaplan lebt von den Erträgen des Pfrundkapitals und zelebriert die im Stiftungsbrief festgesetzte Zahl von Gottesdiensten für das Seelenheil des Stifters (z. B. täglich eine Seelmesse). Stirbt der Priester, so tritt ein Nachfolger das Amt an, sodass die Messen bis zum Jüngsten Tag gelesen werden können.

10. Nach seinem Tod wird der Stifter (es sei denn, er sei ein Heiliger) für einige Zeit im Fegefeuer schmoren müssen. Seine gestiftete Ewigmesse lindert aber die Pein und verkürzt die Strafzeit.

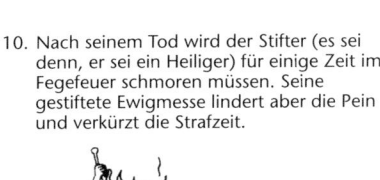

11. Wenn die Bußzeit vorüber ist, tragen Engel die Seele des Stifters in den Himmel.

Heilige als Vorbilder und „Fürsprecher"

„Heilige Elisabeth, bitte für uns"

Menschen des Mittelalters, die zu Heiligen erklärt wurden, ihre Aufgabe als Vorbilder und „Patrone" und ihr Fest im Jahreskalender

M1 Lexikon-Artikel

Heilige Menschen, … die nach ihrem Tode von der Kirche heiliggesprochen wurden. Wegen ihrer Vorbildlichkeit werden Heilige in der katholischen und orthodoxen Kirche verehrt und um ihre fürbittende Hilfe bei Gott gebeten. Diese Heiligenverehrung ist streng unterschieden von der Anbetung Gottes. Der Protestantismus lehnt die Heiligenverehrung fast durchweg ab.

M2 Die heilige Elisabeth

1. Stellt fest, ob in eurem Ort Bilder von Heiligen zu finden sind *(Kirche, Wappen, Fahnen usw.)*. Welche Heiligen sind abgebildet? Gibt es einen Grund für die Auswahl?
2. Interviewt Personen, wie sie zu einzelnen *(oder allen)* Heiligen stehen.
3. Stellt eine Frau oder einen Mann vor *(großes Bild, Lebenslauf, evtl. Spiel)*, die/der im Mittelalter lebte und heiliggesprochen wurde (siehe Tabelle).

M3 Tabelle
(die Tabelle enthält nur Namen von Personen, die im Mittelalter gelebt haben; es gibt noch viele Heilige mehr …)

Heilige(r)	Patron(in) von/der …	Heiligenfest am
4. Jh. Erasmus	Drechsler, Schiffer, Weber	02.06.
4. Jh. Vitus	Kupfer- und Kesselschmiede, Lahme, Blinde, Winzer, Fallsucht	15.06.
+ 547 Benedikt von Nursia	Europa, Höhlenforscher, Lehrer, Schulkinder	11.07.
6. Jh. Leonhard	Gefangene, Pferde	06.11.
+ 727 Hubertus	Jäger, Schützengilde, Optiker	03.11.
+ 754 Bonifatius	Fulda, Bierbrauer, Schneider	05.06.
+ 779 Walpurga	Bauern	25.02.
+ 718 Rupert	Salzburg, Bergbau	24.09.
+ 721 Aegidius	Jäger, Vieh, Hirten, Aussätzige	01.09.
9. Jh. Kyrillos und Methodios	Europa	14.02.
+ 973 Ulrich von Augsburg	Weber, Sterbende	04.07.
+ 994 Wolfgang	Bildschnitzer, Hirten, Schiffer	31.10.
+ 1134 Norbert von Xanten	Prämonstratenser	06.06.
+ 1153 Bernhard von Clairvaux	Zisterzienser, Burgund, Bienen, Bienenzücher	20.08.
+ 1179 Hildegard von Bingen	Sprachforscher	17.09.
+ 1106 Benno	München, Dresden-Meißen, Fischer, gegen Unwetter	16.06.
+ 1221 Dominikus	Näherinnen, Schneider	08.08.
+ 1226 Franz von Assisi	Arme, Kaufleute, Umweltschutz	04.10.
+ 1280 Albertus Magnus	Naturwissenschaftler	15.11.
+ 1253 Clara von Assisi	Sticker, Wäscherinnen	11.08.
+ 1231 Antonius von Padoa	Franziskaner, Bäcker, Eheleute, zum Wiederauffinden verlorener Sachen	13.06.
+ 1231 Elisabeth von Thüringen	Bäcker, Bettler, Witwen, Waisen	19.11.
+ 1274 Bonaventura	Franziskaner, Theologen, Buchhändler	15.07.
+ 1373 Brigitta von Schweden	Pilger	23.07.
+ 1393 Johannes Nepomuk	Priester, Schiffer, Brücken	26.05.
+ 1419 Vinzenz Ferres	Bleigießer, Dachdecker	05.04.
+ 1444 Bernhardin von Siena	Wollweber	20.05.
+ 1431 Jeanne d'Arc	Frankreich	30.05.

Im Kloster: Leben für Gott in einer geschlossenen Welt

1. Beschäftigt euch mit der Klosteranlage
   a) Vergrößert den Plan M2 (*Nutzung durch kleine Zeichnungen erklären*).

   b) Baut e n Modell auf einer Platte (*Schachteln, Holzklötze, Gipsguss, Farben, Schwammstückchen für Bäume usw.*).

   c) Erklärt Besuchern/anderen Gruppen, wie die Anlage „funktionierte" (*Hintergrundmusik: gregor. Choräle*).

*M1 Zeichnung
des Klosters St. Gallen*

Informiert euch über:
- Geschichte der Klöster seit dem 3. Jahrhundert (*Stichworte: Einsiedler, Benediktiner, Cluny*)
- Religiöse Orden (*Ziele, Regeln, Tagesablauf, Tracht, Fragen des Nachwuchses usw.*)
- Bedeutung der Klöster für die Entwicklung (*Landwirtschaft, Medizin, Literatur usw.*)
- Klöster in der Nähe eures Wohnortes (*Besuch? Einladung von Referenten? Briefwechsel?*)

Was ihr noch tun könnt ...
- Spiel: Reginhard und Ute wollen ins Kloster eintreten (*Gespräche mit Freunden, Eltern, Abt und Äbtissin*)
- Bilder von Klöstern, Klosterleben suchen und fotokopieren (*Info-Mappe; Ausstellung*)

M2 Beschrifteter Grundriss des Klosters

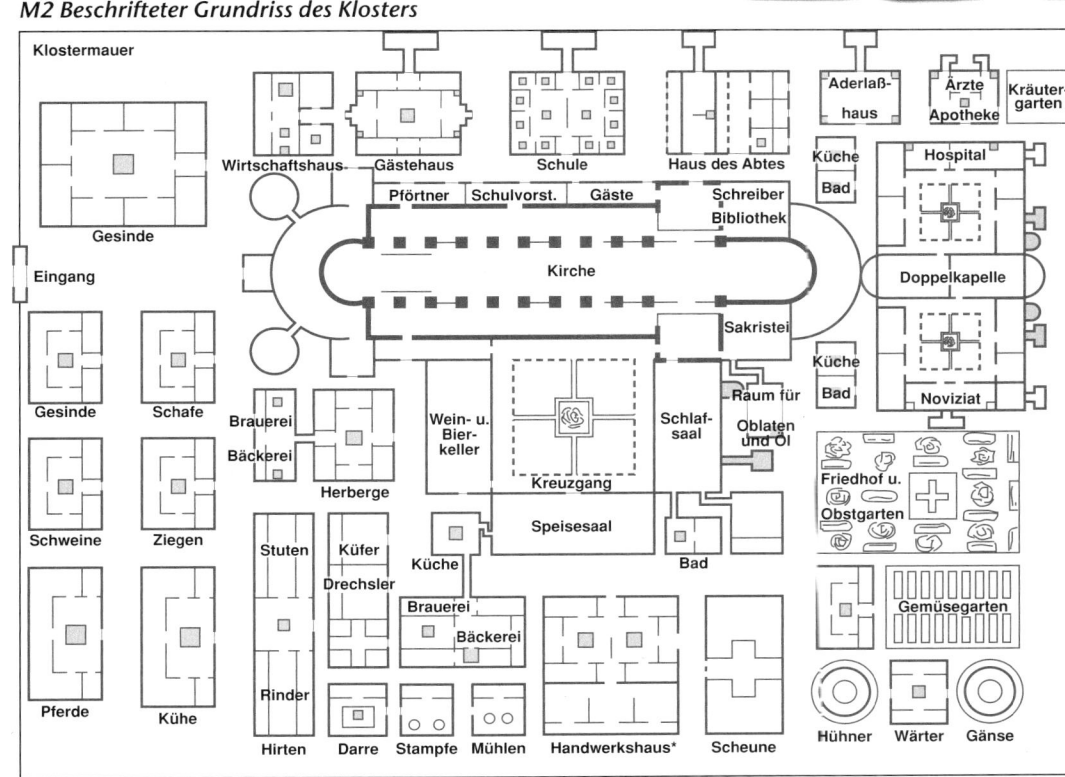

In Kutte und Sandalen –

Schnittmuster für das Gewand der Bettelorden

Info: Die grobe Kutte war eine einfach und eine sehr praktische Kleidung, die ursprünglich von vielen armen Leuten getragen wurde. Dann wurde sie Programm: Franz von Assisi – Gründer des Franziskaner-Ordens – trug ein zusammengeflicktes Exemplar aus Überzeugung. Es sollte ein Protest gegen die Verweltlichung und Prunksucht der Kirche sein, eine Erinnerung an das Ideal des Evangeliums von Armut und Gottes- und Nächstenliebe.
Nonnen tragen zusätzlich Schleier und „Hülle" *(Hals- und Kopfbedeckung)*.

Herstellung: einfacher Stoff; braun oder schwarz; Schleier schwarz oder weiß, Hülle beim Nonnen-Habit weißes Leinen; geknoteter Strick statt Gürtel. Dazu werden einfache Riemchen-Sandalen getragen. *(Stoffverbrauch: Größe 46 – 52: 2,40 m Stoff, 140 cm breit; bei kleineren Personen auch weniger!)*

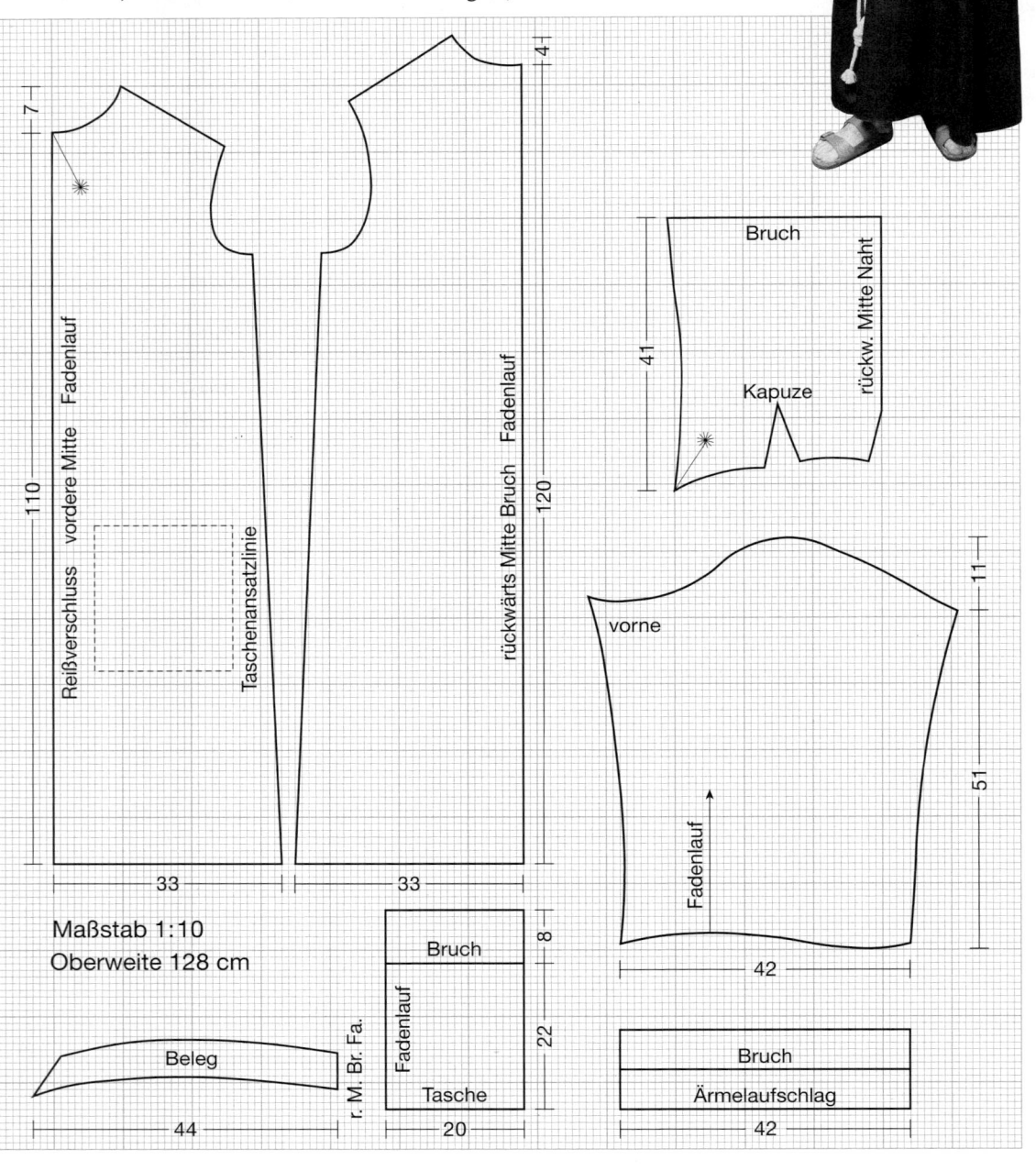

Kirchen und Kathedralen

Architektur „erzählt" Geschichte

1. Informiert euch über Kirchenbau im Mittelalter
   a) Schaut im Lexikon nach und notiert Einzelheiten, fotokopiert Zeichnungen zur späteren Vergrößerung.
   b) Bereitet euch darauf vor, mit den Abbildungen der beiden Seiten (21 und 22) ein Kurzreferat oder eine Info-Wand zu erarbeiten *(Was ... hat sich ... wann ... woraus ... entwickelt?).* Welche Ideen stecken dahinter? Wie nennt man die Bauteile? Wie sind die Größenverhältnisse?

1. Romanik

Runde *(„römische" = romanische)* Bögen und die Gebäudeform der Basilika *(Flachdecke)* sind in den ältesten Kirchen zu finden. Sie sind den Palästen der römischen Kaiser abgeguckt.

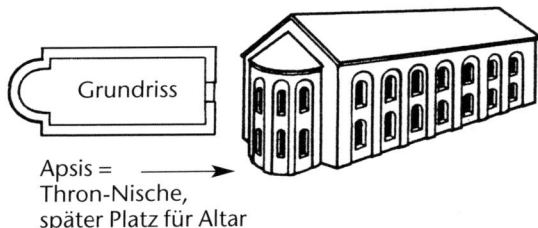

Römischer Kaiser-Palast in Trier

Grundriss

Apsis = →
Thron-Nische,
später Platz für Altar

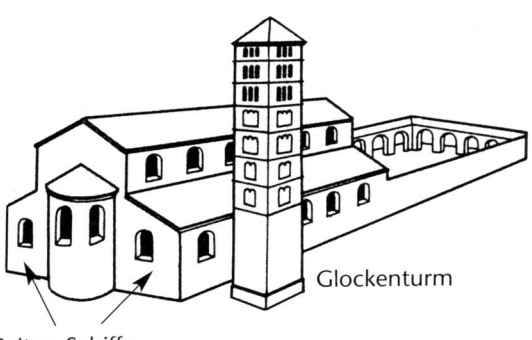

Glockenturm

Seiten-Schiffe

Merkmal: Flachdecke

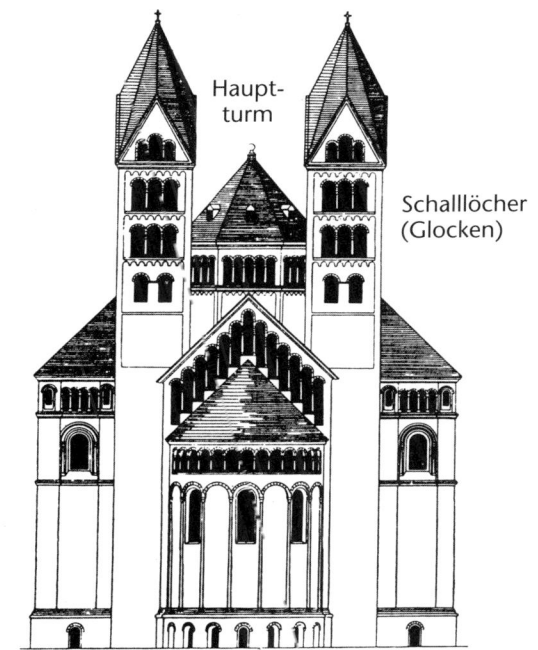

Haupt-
turm

Schalllöcher
(Glocken)

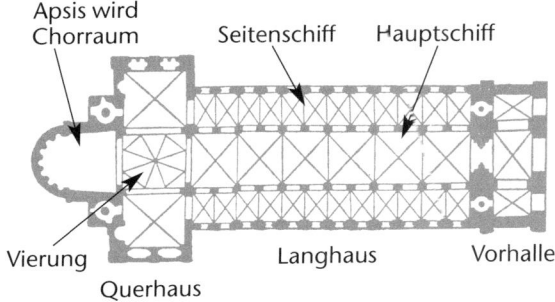

Apsis wird
Chorraum

Seitenschiff   Hauptschiff

Vierung

Querhaus

Langhaus   Vorhalle

Kaiserdom in Speyer (1030 – 1106)
Die Baumeister lernten im Laufe der Zeit, die Decken im Kirchenschiff zu Kuppeln zu formen *(Das war eigentlich schon früher möglich, man hatte es aber „verlernt"!).* Die Kirchen erhielten jetzt die Form eines Kreuzes. Besonders schwierig war die Kreuzung von Haupt- und Seitenschiff *(„Vierung")* zu bauen, die oft auch noch den dicken Hauptturm tragen musste.

Was ihr noch tun könnt ...
– Erkundet eine Kirche in eurem Ort oder der Umgebung
– Haltet erste Eindrücke für einen Bericht fest *(Lage, Raumwirkung innen – außen, Fenster, Ausstattung, Altäre, Figuren, Mobiliar, Malereien usw.).* Erklärt Figuren und Symbole!
– Skizziert Fassade, Fenster, Türen usw. *(Zeichnungen, Fotos, Aufriss-Skizzen).*
– Informiert euch über die Baugeschichte *(Wann begonnen? Nach welchen Vorbildern? Wer zahlt(e) Bau und Unterhalt früher und heute? Gab es Kriegsschäden usw.).*

2. Gotik

Stichworte:

- **Wort:** ursprünglich italienisches Schimpfwort für Baustil des Nordens *(gotisch = roh, primitiv);*
- **Zeit:** 11.–14. Jahrhundert
- **Hintergrund:** Sorge um Seelenheil; Vorstellung des Kirchen-Gebäudes als einer „Gottesstadt"; Städte haben Geld, sie ziehen geschulte Handwerker an.
  Es geht um Gläubigkeit und Vorzeigen des Wohlstandes einer Stadt.

- **Technik:** Baumeister bauen oft „nach Erfahrung"; manche Bauten stürzen ein. Das Gewicht von oben wurde nicht mehr auf die Wände gleitet, sondern auf „Stützen" neben den Mauern. Dadurch konnten die Mauern für riesige Glas-Fenster geöffnet werden. Handwerker *(Maurer, Steinschläger, Glasmaler und andere)* leben in „Bauhütten" zusammen.

① Fassade und Türme
② Seitenschiffe und Strebebogen
③ Hauptschiff
④ Seitenschiffe
⑤ Querschiff
⑥ Apsis
⑦ Fenster

2. Beschreibt das Bild genau.
(Welche Arbeiten müssen ausgeführt werden? Welche Berufe sind erforderlich?)

Was ihr noch tun könnt ...

- Fertigt Modelle an: Kapitelle, Bögen, Strebepfeiler, Schluss-Steine, Maßwerk, Monster als Wasserspeier *(Material: Ton – nur trocknen, nicht brennen –, Knete, Pappmaché – Papidur –, Gips).*
- Informiert euch über Bauwerke anderer Religionen *(Moscheen, Tempel).*
- Sprecht mit Mathematik-Fachleuten über Aufgaben bei der Berechnung von Geometrie-Problemen *(Fenster, Bögen, Zahlensymbolik).*

„Comics" aus Glas und Licht

... mittelalterliche Bildfenster in Kirchen

1. Findet heraus, warum Glasfenster so wichtig waren *(außer Licht durchzulassen!)* und erklärt es anderen.

Techniken zur Herstellung von eigenen „Glasbildern" oder „Kirchenfenstern"
Ein Beispiel aus der Bibel sofort gestalten *(Von der Story zum Bildentwurf ...)*.

Methode 1: Geschichten in Teil-Themen für die Gestaltung von Glasbildern aufteilen

- Erinnert euch an Geschichten, die euch beeindruckt haben und lest sie noch einmal nach *(religiöse Themen: Erschaffung der Welt und des Paradieses, Noah und die Arche, Plagen und Auszug aus Ägypten, Taten Jesu, Leben Mohammeds; weltliche Themen: Stationen der Ortsgeschichte, persönlicher Lebenslauf; das Jahr im Bild usw.)*.
- Teilt sie in acht bis zehn Szenen auf, zu denen ihr eine kurze Überschrift sucht.
- Die Überschriften werden die Bild-Themen der Einzelbilder.

> **Tipp:** lässt sich auch mit Wasserfarben als **Riesen-Comic** zeichnen; *(jede(r) ein Zeichenblock-Blatt pro - Szene!)*

Die Geschichte vom verlorenen Sohn
(Luk. 15, 11 – 32)

Ein Mann hatte zwei Söhne ①.
Und der jüngere von ihnen sprach zu dem Vater: Gib mir, Vater, das Erbteil, das mir zusteht. Und er teilte Hab und Gut unter sie. ② Und nicht lange danach sammelte der jüngere Sohn alles zusammen und zog in ein fernes Land ③; und dort brachte er sein Erbteil durch mit Prassen und Saufen ④. Als er nun all das Seine verbraucht hatte, kam eine große Hungersnot ⑤ über jenes Land und er fing an zu darben und ging hin und hängte sich an einen Bürger jenes Landes, der schickte ihn auf den Acker, die Säue zu hüten ⑥. Und er begehrte, seinen Bauch zu füllen mit den Schoten, die die Säue fraßen, und niemand gab sie ihm. Da ging er in sich und sprach: Wieviele Tagelöhner hat mein Vater, die Brot in Fülle haben, und ich verderbe hier vor Hunger! ⑦ Ich will mich aufmachen und zu meinem Vater gehen und zu ihm sagen: Vater, ich habe gesündigt gegen den Himmel und vor dir. Ich bin hinfort nicht wert, dass ich dein Sohn heiße, mach mich zu einem deiner Tagelöhner! Und er machte sich auf ⑧ und kam zu seinem Vater ... Als er aber nicht weit entfernt war, sah ihn sein Vater und es jammerte ihn; er lief und fiel ihm um den Hals und küsste ihn ⑨ (...) der Vater sprach zu seinen Knechten: Bringt schnell das beste Gewand her und zieht es ihm an und gebt ihm einen Ring an seine Hand und Schuhe an seine Füße ⑩, und bringt das gemästete Kalb und schlachtet's; lasst uns essen und fröhlich sein! Denn dieser mein Sohn war tot und ist wieder lebendig geworden; er war verloren und ist gefunden worden. Und sie fingen an fröhlich zu sein ⑪.

Aber der älteste Sohn war auf dem Feld. Und als er nahe zum Hause kam, hörte er Singen und Tanzen, und er rief zu sich einen der Knechte und fragte, was das wäre ⑫.

Der aber sagte ihm: Dein Bruder ist gekommen, und dein Vater hat das gemästete Kalb geschlachtet, weil er ihn gesund wieder hat.

Da wurde er zornig und wollte nicht hineingehen. Da ging sein Vater heraus und bat ihn. ⑬ Er antwortete aber und sprach zu seinem Vater: Siehe, so viele Jahre diene ich dir und habe dein Gebot noch nie übertreten, und du hast mir nie einen Bock gegeben, dass ich mir meinen Freunden fröhlich gewesen wäre ⑭.

Nun aber, da dieser dein Sohn gekommen ist, der dein Hab und Gut mit Huren verprasst hat, hast du ihm das gemästete Kalb geschlachtet.

Er aber sprach zu ihm: Mein Sohn, du bist allezeit bei mir und alles, was mein ist, das ist dein. Du solltest aber fröhlich und guten Mutes sein; denn dieser dein Bruder war tot und ist wieder lebendig geworden, er war verloren und ist wiedergefunden. ⑮

1	
2	3
4	5
6	7
8	9
10	11
12	13
14	15

Methode 2: Papier und Ölkreide

1. Zeichne deinen Entwurf auf ein Blatt weißes Papier und fahre die Linien mit schwarzem Wachsmalstift nach. Fest aufdrücken.
2. Die Flächen zwischen den Linien farbig ausmalen. Weißes Papier sollte nur dort durchscheinen, wo es für das Bild nötig ist.
3. Ein wenig Pflanzenöl auf einen Wattebusch geben und damit die Rückseite des Papiers einreiben.
4. Lass das Papier trocknen, und klebe es dann auf eine Fensterscheibe. Wenn die Sonne scheint, leuchtet dein Wappen wie ein Glasfenster.

Methode 3: Laternen- und Transparent-Technik

– Diese Technik kennen die meisten von euch schon. So habt ihr vielleicht schon Laternen oder Advents-Transparente gebastelt.
– Auf einen schwarzen Karton werden Bilder gemalt, bei denen zwischen den farbigen Flächen Kartonstege stehen bleiben. Die Felder werden dann *(mit Federmesser oder Schere)* ausgeschnitten und Transparentpapier von der Rückseite angeklebt. Eine Kerze beleuchtet das Bild von hinten.

Methode 4: Flüssige *(wieder abziehbare)* Spezialfarben („window colours")

– In Bastelgeschäften gibt es eine spezielle Farbe zu kaufen, die aus der Flasche auf eine glatte Oberfläche (z. B. Kunststofffolie) aufgetragen wird. Die Stege (beim echten Glasfenster aus Blei) werden mit Schwarz vorgemalt. Dann füllt man die Flächen.
– Nach dem Trocknen kann man das Bild als feine Haut komplett abziehen und einfach an die Fensterfläche drücken.

Was ihr noch tun könnt ...

– Untersucht Glasfenster in einer Kirche *(oder dem Rathaus)* eures Wohnortes. Zeichnet sie ab und versucht, eine Erklärung für die Bedeutung der Bilder, Wappen und Zeichen zu finden.
– Stellt ein „Leuchtbild" auf Glas oder mit Transparentpapier oder Spezialfarben selbst her *(Anleitung s. oben: Technik S. 22; Themenvorschlag S. 21).*

Ritter, Edelfräulein und Turniere

Kurz-Information

Das Rittertum ist entstanden aus Kriegsteilnehmern *(Wehrbauern)* in älterer Zeit, die schon ein eigenes Pferd hatten; Vorbild waren Reitervölker *(Hunnen, Awaren usw.)*. Die teure Bewaffnung *(Schwert, Lanze, Kettenhemd, später Rüstung)* konnten sich normale Bauern nicht mehr leisten; sie mussten sich außerdem um Saat und Ernte kümmern: „Berufskämpfer" setzen sich durch.

Landschenkungen und Erweiterung des Besitzes durch Erbschaft *(siehe auch: „Lehnswesen")*; Knappen werden durch Ritterschlag zum Ritter; bestimmtes *(„ritterliches")* Verhalten wird erwartet; Aufstieg der Städte = Niedergang des Rittertums *(„Raubritter")*; das Leben auf einer Burg war in Wirklichkeit viel bescheidener und ungesünder, als wir es uns heute vorstellen.

Was ihr herausfinden und tun könnt!
(Arbeitsfelder, Aktivitäten und „Produkte")

1 Wer gehört zum Adel und wie lebt diese Bevölkerungsgruppe?
- in Bibliotheken nachforschen *(Stichworte: Ritter, Burgen, Adel);*
- Fotokopien aus *(Kinder-)*Büchern über die Ritterzeit;
- ritterliches Lebensideal beschreiben *(galt auch für hohe Geistliche)*

2 Wie kleideten sich Frauen, Männer und Kinder?
- Entwicklung von Bekleidung, Schuhwerk und Kopfbedeckung *(z. B. Mode vom 8.–14. Jh. in Büchern suchen);*
- für Ausstellung: Bilder malen und erklären;
- Kleider nähen und verzieren *(Modenschau machen)*

3 Wie waren die Burgen gebaut und eingerichtet?
- „Längsschnitte": von der Fluchtburg mit Palisaden zur Hofburg;
- Zeichnungen anlegen und die Nutzung einzelner Räume beschriften *(z. B. Kemenate, Verlies)*
- Modelle aus Pappe oder Holz bauen

4 Welche Waffen und Geräte gab es?
- Entwicklung der Rüstungs- und Waffentechnik usw. *(mit Bildern!);*
- nachbauen von Waffen und Geräten;
- spielerische Anwendung: Schwertkampf mit Schild; Reiterspiele; Stickrahmen und Musik Instrumente für Burgfräulein usw.

5 Wie verlief ein Turnier?
- Bilder und Berichte in Büchern suchen und Ablauf feststellen;
- Großbild malen *(Fries)*
- bei einem Fest durchführen;
- Berichte *(„Reportagen")* mit Hintergrund-Geräuschen
- Modell aus Pappe und Figuren bauen

6 Wie feierten die Burgbewohner?
- Einrichtung von Rittersälen
  - Speisenfolge und Getränke darstellen oder nachkochen
- Gesänge, Vortrag fahrender Sänger *(Musik von CD; eigener Vortrag)*
- Reigen und Tänze

7 Was erzählen die Ritter-Sagen?
- Entstehung der Sagen erklären
- lesen und erzählen von Sagen *(König Artus, Nibelungen, Kyffhäuser, Tannhäuser, Robin Hood)*
- „Bilderbuch" *(sechs Schlüsselszenen malen)*
- Theaterszenen; Videos, Filme vorführen

8 Wie sahen Wappen aus und welche Bedeutung hatten sie?
- Bedeutung von Wappen herausfinden
- Wappenteile zeichnen und erklären
- sein eigenes Wappen erfinden und gestalten;
- Wappenschilder als Dekoration anfertigen und für Fest aufhängen

9 Ein Ereignis-Spiel erfinden
- Verlauf ausdenken *(Ereigniskarten)*, Spielplan malen
- Open-Air-Spiele erfinden und durchführen *(„Meisterschaften")*

Präsentationsvorschläge
(Vom Einfachen zum Aufwändigeren …)

- Ausstellung „Ritter und Burgen" mit Modellen, Bildvergrößerung, Info-Texten und Hintergrundmusik von einer CD *(„Ougenweide" oder andere Gruppe)*
- „Turnier" = Tribüne mit Zuschauern in mittelalterlichen Kleidern, Eintreffen berühmter Ritter, Ankündigung durch Herold, Fanfaren-Signal, Huckepack-Reiter mit Wappen-Schild und Lanze *(gepolstertes Ende = alter Boxhandschuh, Schaumstoffstück etc.);* Schwert-Schaukämpfe; Verbinden der „Verwundeten" und viele andere mögliche Aktivitäten;
- Ritterfest *(„Kaiser-Besuch")* mit Aufzug von Adeligen, hohen Geistlichen und bäuerlichen Zaungästen; Turnier *(wie oben)*; anschließend Festmahl mit Ruhm-Reden und fahrenden Sängern; großes Tanzvergnügen

„So leben wir Rittersleut' …"

Ideen für ein Interview-Spiel: Ritter Cornelius von Warstein und seine Frau Isolde von Greven geben der Heroldin Elisabeth vom Pützchen Auskunft

1. Deckt zunächst die beiden Antwort-Spalten ab; versucht eigene Antworten auf die Fragen zu finden

2. Verarbeitet die Stichworte des Interviews (zu-sammen mit euren Forschungsergebnissen) zu einer Reportage für eine Mittelalter-Zeitung, für einen Fernsehbeitrag, für eine öffentliche Befragung der „Ritterfamilie" vor Publikum usw.

Frage:	Na, dann fragen Sie mal … Und nehmen Sie am Feuer Platz!	Zeitung, Fernsehen? Was ist das denn? Machen Sie schnell, ich muß noch weg!
1. Wer darf sich Ritter nen-nen?	Wer aus einer adeligen Familie stammt und genügend Grundbesitz hat; das kann ein Lehen oder eigenes Land sein …	Wessen Eltern schon Ritter waren, wer einem Herzog oder Grafen dient und mit eigenen Leuten bewaffnet in den Kampf ziehen kann …
2. Wie wurden Sie auf ihr Leben vor-bereitet?	Ich lernte einen großen Haushalt mit viel Gesinde (= Personal) führen, sticken, Laute spielen, mit Heilkräutern umgehen und Schach spielen …	…war drei Jahre Knappe (= Ritterlehrling) bei einem Verwandten, lernte mit allen Waffen umgehen und Pferde reiten, höfische Sitten und Harfenspiel. Mit 19 wurde ich zum Ritter geschlagen …
3. Welche Auf-gaben ha-ben sie?	Ich muss das Personal auf der Burg anleiten und kontrollieren (Nähstube, Vorräte usw.), mich um die Erziehung der Mädchen kümmern, meinen Mann unterhalten …	…meinen Lehnsherren im Krieg oder bei einer Fehde unterstützen, Arbeiten der Bauern anordnen und überwachen (macht meist mein Vogt!), als Gerichtsherr Streit schlichten und Ehe-Erlaubnisse geben …
4. Was ist für Sie die schönste Zeit im jahr?	Das Erntedankfest (wenn die Ernte gut ein-gefahren ist!), wenn wir auf Festen sind oder Gäste haben; wenn ein fahrender Sänger uns unterhält …	Die Jagd im Herbst oder die großen Tur-niere auf der Burg meines Lehnherren. Krieg macht mir meist auch Spaß, beson-ders, wenn es fette Beute gibt …
5. Was ist zu Ihrer Woh-nung zu sagen?	Ich hätte gern Glasstücke (Butzen) in den Fenstern, damit es nicht so kalt ist und zieht. Allerdings ist meine Kemenate meist geheizt … als einziger Raum in der Burg!	Die Burg ist ziemlich sicher und groß genug. Letztes Jahr wurde der Bergfried noch verstärkt. Im Winter ist es leider saukalt hier!
6. Bitte sagen Sie uns etwas zu Krankhei-ten?	Kleine Wehwehchen kann ich mit Kräuter-tränken und -umschlägen heilen; leider sterben so viele unserer Kinder an Kinder-krankheiten… Erst im letzten Winter starb meine Schwester bei der Geburt ihres achten Kindes …	Zahnweh ist die Hölle! Bei Verwundungen kriegt man leicht Wundbrand – dann muss das Bein oder der Arm abgesägt und die Wunden mit glühenden Eisen ausgebrannt werden: ziemlich schrecklich … außerdem ist mein Hintern wund vom Reiten …
7. Was ist Ihre größte Angst?	Dass wir überfallen werden oder belagert werden, dass mein Mann bei einem der gefährlichen Turniere oder Kriegszüge stirbt!	Dass ich in die Hölle komme, weil ich Sünden begangen habe (da sage ich aber nichts weiteres!) oder dass meinem ein-zigen Sohn und Erben etwas geschieht …

Eine Welt für sich hinter sicheren Mauern ...

Einblick in eine Ritterburg

1 **Bergfried:** Er dient als Beobachtungsturm, um Feinde rechtzeitig zu erspähen. Im Notfall ist er letzter Zufluchtsort.

2 **Eingang in sicherer Höhe:** Vom Burghof aus ist die Tür nur über eine Leiter zu erreichen.

3 **Verlies:** Einziger Zugang ist die Luke in der Decke, das „Angstloch".

4 **Speicher**

5 **Stallungen**

6 **Wehrgang**

7 **Kapelle**

8 **Trockenboden**

9 **Schlafgemach** für den Burgherrn und seine Frau

10 **Kemenate:** Sie ist oft der einzige beheizbare Wohnraum.

11 **Abort-Erker**

12 **Rittersal**

13 **Küche:** Die Speisen werden am offenen Feuer zubereitet.

14 **Lagerräume und Weinkeller**

15 **Brunnen:** Er reicht oft über 100 Meter in die Tiefe.

16 **äußere Befestigungsmauer**

17 **Fallgitter:** Es trennt hier den Burghof vom Torbau.

18 **Burggraben**

19 **Zugbrücke:**

hochgezogen schützt sie zusätzlich das Tor.

20 **Haupttor**

21 **Nebentor:** für Fußgänger, wenn das Haupttor geschlossen ist.

22 **Pechnase:** Von hier aus spricht die Torwache mit Außenstehenden: Angreifer werden mit heißem Öl, Pech oder Wasser überschüttet.

1. Macht euch mit den Teilen der Burg vertraut: Erklärt die Funktion der nummerierten Teile.

2. Stellt eine stark vergrößerte Zeichnung *(Folie/Projektor)* oder ein Modell her.

3. Schlüpft nun in die Rolle als „Burgführer" oder „Burgführerin" und erklärt anderen, wie eine Burg „funktioniert"

Was ihr noch tun könnt:

– Bilder von Burgen sammeln und aufkleben.

– Text/Spiel: Gebäudeteile oder Räume der Burg erzählen von ihren Aufgaben und Gefühlen *(z. B.: „Ich bin das Verlies. Als Gefängnis erlebe ich schlimme Sachen. Einmal war ...").*

– Musik hören oder zum Vortrag einspielen (z. B.: „Das alte Schloss" aus Mussorgsky: Bilder einer Ausstellung).

Trutzig, fest und ... uneinnehmbar?

Anlage von Burgen, Angriffs- und Verteidigungstechniken

1. Überlegt, wie das Gelände zur Sicherheit der Burg beiträgt. Welche Auswirkungen hat die Lage für das normale Leben der Bewohner und im Kriegsfall?

2. Sucht Namen von Orten oder Burgen, die auf folgende Endungen ausgehen und klärt ihren Hintergrund: ...berg, ...stein, ...fels, ...burg, ...eck, ...wart, ...höhe.

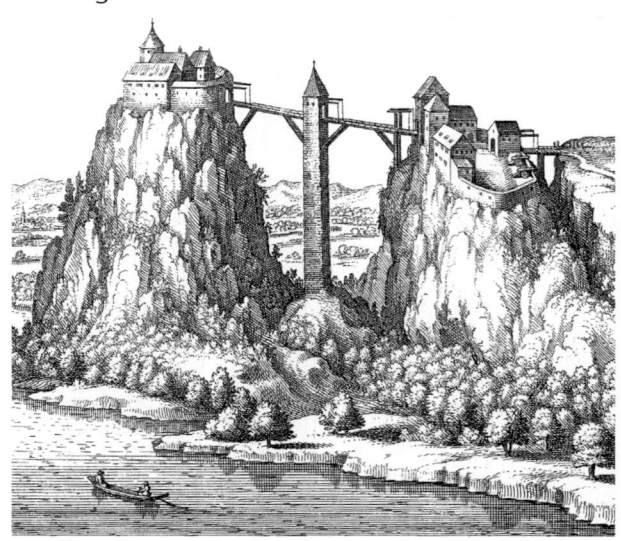

1
Pech und Steine von oben

2
nasse Felle

3
Falltür und Wassergraben

4
Bogenschützen von Wehrgang und Schildmauer

5
Dicke mehrschalige Mauern

A
Bogenschützen hinter Schutzmauern

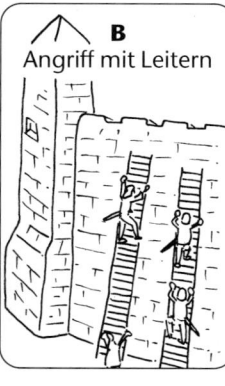

B
Angriff mit Leitern

C
Schleuder mit Steinen und Feuertopf

D
Ausfüllen des Grabens und Rammbock

E
Mineure

3. Findet heraus, welche Angriffs- und Verteidigungsbeispiele miteinander zu tun haben. Wie wird auf die jeweilige Lage reagiert?

4. Spielt oder beschreibt eine Szene:
Bei einem Turnier unterhalten sich Burgbewohner über Angriffs- und Verteidigungsmöglichkeiten (*„Die Mauern unserer Burg sind uneinnehmbar!"* – *„Quatsch, wir würden einfach ..."*

Was trägt die „holde frouwe" bei Turnier und Tanz ...?

1. Nutzt die Abbildungen zu: Beschreibung, Vergrößerung auf lebensgroße Bilder *(ausmalen)*, nachschneidern usw.

Romanische Zeit

Gotische Zeit

Was ihr noch tun könnt:
- „Modeseite" in der Mittelalter-Zeitung gestalten; heutige Texte unterlegen
- „Anzieh-Puppen" *(Papier)* herstellen, an die wechselnde Gewandteile angeheftet werden können.
- Informiert euch *(Bücher)* über höfische Mode für Mädchen und Frauen *(8 – 15 Jh.)*. Gab es Unterschiede/Entwicklungen zwischen dem 7. und 14. Jahrhundert *(Schnitt, Farben, Zubehör usw.)*?
- Findet heraus, wie bestimmte kostbare Stoffe hergestellt wurden/ werden? Besorgt Muster *(Seide, Samt, Gaze, Brokat, Organza)*!

Männer in Wolle, Leinen und Eisen ...

Vorlagen für Kostüme und Bilder ...

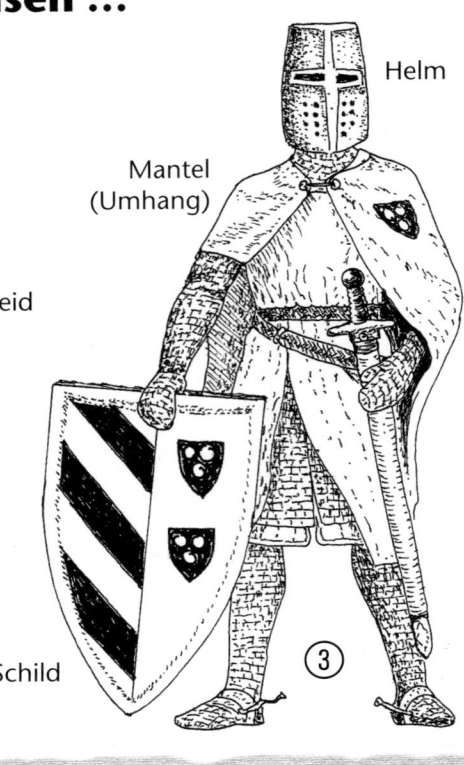

Helm

Mantel
(Umhang)

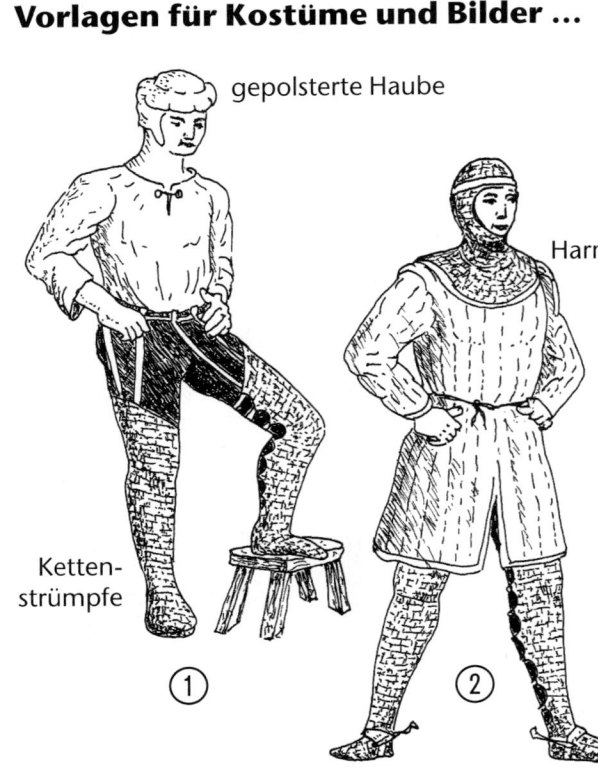

gepolsterte Haube

Harnischkleid

Ketten-
strümpfe

①

②

Schild

③

Tipps für die Herstellung von Kostümen:
– Grober Strick- oder Häkelstoff mit Silberspray imitiert Kettenhemden, Grill-Schalen = Panzerplatten.
– Stücke vom alten Ledergürtel und Schrauben ergeben Haltegriff für die Innenseite des Schildes

Spätmittelalterliche Kleidung

Gugelhaube

Strumpfhose

Schnabel-
schuhe

Hochmittelalterliche Gewänder

Was Ihr noch tun könnt:
– Ritter als Marionetten *(aus Blechdosen und -döschen, Stoff-Fetzen usw.)*
– Spiel in Papp-Karton-Theater vor gemaltem Hintergrund

Behelmt und gewappnet ...

Herstellung von ritterlicher Ausrüstung

1. Bastelt Teile der ritterlichen Bewaffnung (*s. auch Schilde und Wappen, Heraldik*)

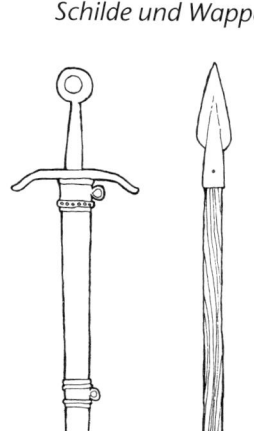

Speer oder Lanze

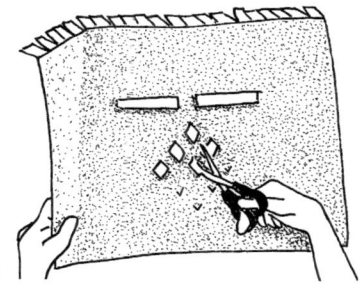

Pfeil und Bogen

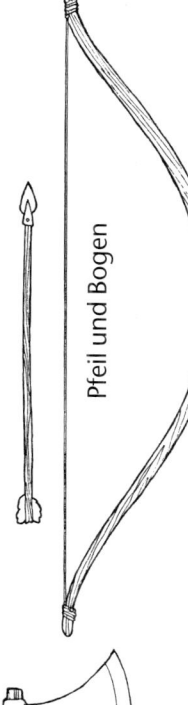

1. Aus dem Papier einen breiten Streifen schneiden, der um deinen Kopf reicht. Den oberen Rand einschneiden und nach innen knicken.

2. Das Papier vor das Gesicht halten und die Augenschlitze markieren. Die Schlitze ausschneiden. Luftlöcher nicht vergessen!

3. Den Helm anmalen und auf der Rückseite zusammenkleben.

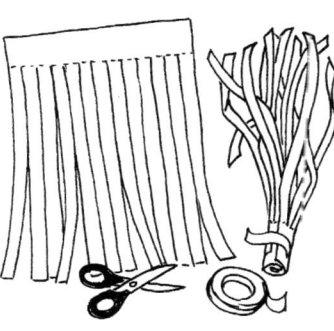

4. Für den Federbusch benötigst du ein Blatt Buntpapier. 5 cm von einer schmalen Kante entfernt eine Linie ziehen. Bis zu dieser Linie Streifen einschneiden. Das Papier zusammenrollen und festkleben.

Streitaxt oder Hellebarde

Streitkolben oder Morgenstern

5. Den Helmdeckel aus einem Stück Karton ausschneiden und bemalen. Ein Loch in die Mitte schneiden, den Federbusch hineinstecken und festkleben.

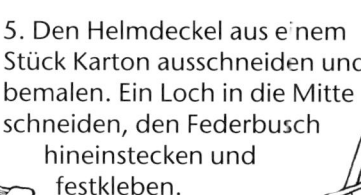

6. Den Helm zusammenkleben. Und dann: Auf in den Kampf!

Schild

Armbrust und Bolzengeschoss

Was ihr noch tun könnt:
– Über die Entwicklung der Rüstungen forschen: vom Kettenhemd zur Panzer-Rüstung *(Bilder/Skizzen ausstellen!)*
– Über das Ende des Rittertums informieren *(veränderte Lage: Schlacht v. Crecy, 1346; Spieß, Hellebarde und Schusswaffen haben die Ritter nichts entgegenzusetzen).*

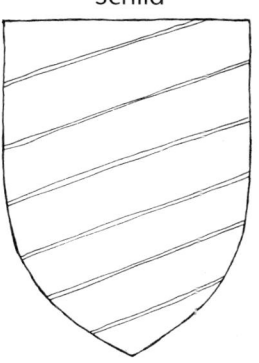

... eine Lanze brechen! Kampfspiele/Turniere

Kampfspiele dienten der Unterhaltung *(wie Sportwettkämpfe heute)*, der Erringung von Preisen *(wertvolle Gewinne, Anerkennung)* und der Übung in den verschiedenen Kampftechniken.

1. Informiert euch über Turniere *(Ablauf, Regeln, Rolle der Frauen, Risiken usw.)*; findet den Unterschied zwischen „Tjost" und „Buhurt".

2. Sucht Beispiele für moderne Wettbewerbe, bei denen das Wort „Turnier" benutzt wird.

3. Spielt ein Turnier nach.
- Huckepack-Pferd-und-Reiter
- Lanzen mit stumpfem, weichem Kopf *(Boxhandschuh)*
- Zielen nur auf den Schild
- erhobene Hand = Aufgabe!
- Helfer *(„Knappen")* passen auf, wenn „Pferd" wankt!
- Zeitbegrenzung
- Fortsetzung mit Schild und Schwert
- Bestimmung des Sieger-Paares durch Beifall und Poltern mit den Waffen *(dazu: Herolde, Trompeten, Fahnen, adlige Fräulein, Siegerehrung, Festschmaus)*

4. Bastelt ein Diorama

Was ihr noch tun könnt:
- Fiktive Reportage: „Wir melden uns heute von Burg Saaleck mit dem Bericht über das Turnier ..."
- Nach Mittelalter-Vereinen suchen, die Turniere abhalten

Wappen – Kennzeichen auf Brust und Fahne

Info: Die Kämpfer trugen im Mittelalter keine Uniformen, an denen man sie erkennen konnte. Da war es oft schwer, im Getümmel Freund und Feind auseinanderzuhalten. Im Lauf der Zeit wählte jede Ritterfamilie ein Abzeichen, das auf die Schilde gemalt wurde *(daher auch die Form der Wappen!).* Bald erschien es auch auf Fahnen und Kleidungsstücken.

Die Herolde waren Fachleute für das Erkennen der vielen verschiedenen Wappen. Sie galten als Vermittler und waren unantastbar.
Die historische Hilfswissenschaft von den Wappen heißt Heraldik.

Info 2: Kamen Familien oder Gebiete zusammen, wurden die ursprünglichen Wappen kombiniert. *(modernes Beispiel: Nordrhein-Westfalen)*

 +  +  =

„Nordrhein" „Westfalen" „Lippische Rose"

---

1. Schlagt in Wappenbüchern *(Bibliothek)* nach und informiert euch über Wappen *(Bedeutung von Zeichen, Bildern, Aufteilung, Muster, Farben).*
2. Besorgt euch Abbildungen eures Stadtwappens und versucht es zu entschlüsseln *(vergrößern/malen).*
3. Entwerft ein Wappen für eure Schule, eure Klasse oder euch selbst. Überlegt, was ausgesagt werden soll.

Wappen der Klasse 7.1 *(Schule: Im Weidenbruch)*

Drei Kronen = aus dem Stadtwappen

Weiden am Fluss = Straßenname der Schule

„Geißbock" = 1. FC Köln

Teddy = backstreeet boys *(Pop-Gruppe)*

Was ihr noch tun könnt:
– Unternehmen haben wappenähnliche Firmenzeichen entwickelt *(Logo).* Entschlüsselt die gezeigten Logos und sucht weitere.
– Sucht Beispiele *(Bilder aus Illustrierten)* für die Beschriftung von Trikots und Fahrzeugen,. mit denen „moderne Ritter des Sports" ins Turnier gehen

Vorlagen für Gestaltungen:

Von edlen Minnesängern und vornehmen Damen

1. Vergrößert die Bilder *(Folie/Projektor)* und malt sie farbig aus.
2. Erfindet Geschichten *(Kurzroman, Szenen)* und tragt sie vor.

Dietmar von Eist

Ahi nu kumet uns diu zit

Ahi nu kumet uns diu zit,
der kleinen vogeline sanc,
es gruonet wol diu linde breit,
zergangen ist der winter lanc,
nu siht man bluomen wol getan:
an der heide üebent sie ir shin.
des wirt vil manic herze fro:
des selben troestet sich daz min.

„Ich zoch mir einen valken … mere danne ein jar.
do ich in gezamete … als ich in wolte han
und ich im sin gevidere … mit golde wol bewant,
er huop sich uf vil hohe … und fluog in anderiu lant.

Sit sach ich den valken … schon fliegen:
er fuorte an sinem fuoze … sidine riemen,
und was im sin gevidere … alsrot guldin.
got sende si zesamene … die gerne geliep wellen sin!"

Ich erzog mir einen Falken … länger als ein Jahr.
Als ich ihn gezähmt hatte … wie ich ihn haben wollte,
und ich ihm sein Gefieder … mit Gold umwunden hatte,
erhob er sich in große Höhe … und flog in ein anderes Land

Seitdem sah ich den Falken … schön (daher) fliegen:
Er trug an seinem Fuße … seidene Riemchen (Bänder),
und sein Gefieder war (ihm) ganz rotgolden.
Gott führe die zusammen, die gern geliebt sein wollen.

3. Versucht, den Text des Minnesängers *(Druckbuchstaben)* in der Abbildung der Handschrift wiederzuerkennen. Findet eine Übersetzung *(vielleicht sogar eine Melodie, nach der sich der Text singen lässt)*.
Lest den mittelhochdeutschen Text langsam und laut, dann versteht ihr ihn fast ohne Übersetzung.

4. Findet heraus, was in dem Liebeslied links das Bild des Falken ausdrücken könnte.

32

Ritt nach Felsenburg

Spielplan (Rückseite) im Copy-Shop vergrößern

Spielregel:
Pro Person 1 Spielstein, 1 Würfel, „Aktivitäts"-Karten; der/die Jüngste beginnt mit würfeln.
Eckige Felder sind Ereignisfelder
Doppelt gerahmte Felder = Aktivitätskarte ziehen!
(leere Karten = eigene Aufgabe erfinden)

Wer zuerst punktgenau ankommt ist Sieger *(hat man mehr Augen gewürfelt als zur Ankunft auf der 100 nötig, werden die Felder wieder rückwärts, d. h. von der Burg weg weitergezählt)*. Sollen mehrere Runden gespielt werden, notiert man die Ziffern der Felder als erreichte Punktzahl und beginnt von Neuem.

Ereignisse:

6 =	Proviant vergessen	zurück zum Start
9 =	Guter Ausblick, keine feindlichen Reiter in Sicht	6 Felder vor
17 =	Das Pferd scheut vor einem Fuchs.	3 Felder zurück
22 =	Am Baum findest du eine gute Nachricht.	7 Felder vor
28 =	Ritt durch eine unheimliche Schlucht, du sammelst Mut.	einmal aussetzen
34 =	Picknick, du reitest gestärkt weiter.	4 Felder vor
38 =	Ein tiefer Fluss; du nimmst Anlauf.	5 Felder zurück
45 =	Du triffst eine Pilgergruppe und hörst ihren Berichten zu.	einmal aussetzen
54 =	Du bist todmüde: Zeit zu schlafen	einmal aussetzen
59 =	Gute Straße, schneller Galopp	4 vor
67 =	Dein Pferd hat leider ein Hufeisen verloren.	4 zurück
73 =	Mittagshitze, du hast Kopfweh und Durst.	einmal aussetzen
80 =	Frische Pferde vom Herold der Burg gebracht	5 Felder vor
86 =	Verirrt an einer unübersichtlichen Wegkreuzung	3 zurück
98 =	Schweiß abwischen, Fahne aufziehen, Rüstung polieren	einmal aussetzen

Aktivitätskarten

Das Reiten durch die Gegend macht Spaß: Stoße einen schrillen Juchzer aus!	*Erzähle den anderen, wie du den Drachen erledigt und deinen Freund gerettet hast!*	*Führe einen Scheinkampf mit einem Schwert aus. Keuche bei jedem Schlag!*	*Du hast in der Dorfkneipe ein neues Lied gelernt: Singe es den anderen vor!*
Um in die gegnerische Burg zu kommen, musst du 10 m auf allen Vieren kriechen!	*Du hat schlimmes Zahnweh: Stütze die Wange in die Hand und stöhne („O weh …").*	*Fürs Picknick musst du noch einen Hasen jagen: Zeige, wie das geht!*	*Um eine Burg zu stürmen, musst du fit sein: Mache 10 Liegestützte!*
Im Dunkeln träumst du schlecht: Berichte, was du nach dem Aufwachen noch weißt.	*Ihr müsst warten, bis der Fährmann euch übersetzt: Erzähle einen Witz!*	*Ein reisender Kaufmann kommt vorbei: Erzähle, wie du auf deiner Burg lebst!*	*Du bist das schönste Burgfräulein weit und breit. Kämme dein Haar und Schminke das Gesicht!*
?	?	?	?

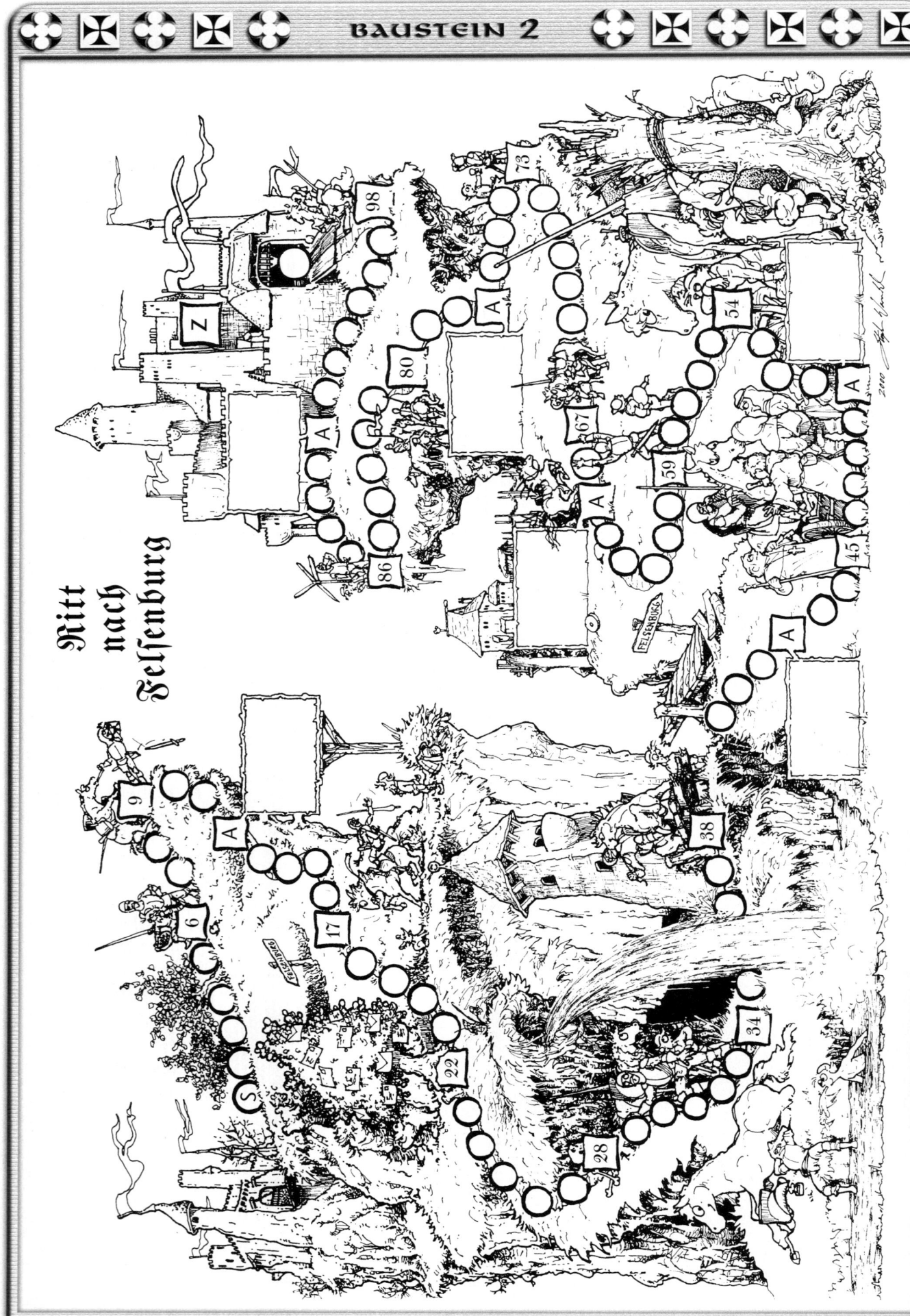

„Es wollt' ein Bauer früh aufstehn"

Was ihr herausfinden und tun könnt!
(Arbeitsfelder, Aktivitäten und „Produkte")

1 Wer gehört zum Bauernstand und wie lebt diese Bevölkerungsgruppe?
- In Bibliothek nachforschen (*Lexikon-Stichworte: Bauern, Leibeigene, Fron, Bauernbefreiung, Bundschuh*)
- Fotokopien aus (Kinder-)büchern über das Mittelalter

2 Wie sahen bäuerliche Siedlungen aus?
- Dorfformen kennenlernen und mit historischen Siedlungsgewohnheiten der eigenen Umgebung vergleichen
- Ortsnamen bestimmen
- Unterschiedliche Hausformen vergleichen
- Dreifelderwirtschaft erklären und mit der Arbeitsweise heutiger Landwirte vergleichen
- Modell bauen

3 Welche Arbeiten mussten im Tages- und Jahreslauf getan werden?
- Kalenderblätter entwerfen, malen, drucken (*s. Seite 40*)
- Geräte und Werkzeug als Modelle basteln und ausstellen (*Pflug, Egge, Flegel, s. Seite 44*)
- Spiele ausprobieren und mit anderen spielen

4 Wie wurden Bauern eigentlich „unfrei"?
- Einzelheiten zu „Grundherr-schaft" und „Leibeigen-schaft" herausfinden (*Stich-worte: Lehen, Munt, Fron, Vogt*);
- Szenen spielen (*Hilfe S. 39*);
- Eine „Marktafel" der Abga-ben und Frondienste notie-ren und für Leseunkundige mit Bild-Erklärungen ver-sehen

5 Wie kleideten sich die Menschen auf dem Lande?
- Kleiderabbildungen vergrößern, nachzeichnen, in Kostüme umsetzen
- Färbemittel herausfinden und ausprobieren
- Stoffherstellung erklären und mit heutiger Produktion vergleichen

6 Was wurde gegessen und getrunken?
- In Büchern nach den Ernährungsgewohnheiten suchen (*Körnerbrei, Beeren usw.*)
- Eine mittelalterliche „Bauernmahlzeit" zubereiten und gemeinsam verzehren
- Beispiele für die vielseitige Verwendung der Produkte am Beispiel der Kuh darstellen (*Seite 43*)
- Tierhaltung damals und heute

7 Welche Feste wurden wie gefeiert?
- Kirchliche und weltliche Feste beschreiben (*Kirchweih, Erntedank, Karneval, Prozession, Schützenfest usw.*) und mit heute vergleichen;
- Bilder dazu malen
- Alte Bräuche erforschen, die noch heute lebendig sind (*Beispiel: Barbara-Zweige, Tannenbäume gegen Geister, Böller, Luzia- oder Lichtmess, Blasius-Segen, Ostereier und Osterfeuer usw.*);
- Bedeutung bestimmter Daten herausfinden: Martini, Johanni, Michaeli, Georgi, Maria Geburt, Matthäi

8 Wie wurde musiziert und gesungen?
- Lieder in Liederbüchern oder auf CDs suchen und vorführen (*Im Märzen der Bauer; Es wollt ein Bauer früh aufstehen usw.*)
- Herumhören, ob jemand noch auf alten Instrumenten spielen kann, einladen!

Präsentationsvorschläge
(*Vom Einfachen zum Aufwändigeren ...*)
- Ausstellung „Ländliches Leben im Mittel-alter" mit Modellen, Bildvergrößerungen, Info-Texten und Hintergrundmusik; vor allem in städtischen Schulen: „Tierschau" mit Tieren, die es auch im Mittelalter gab (Pferch mit Enten, Kaninchen, Tauben, kleinem Schwein usw.)
- „Ländliches Fest" unter der Linde: Maibaum, Tanz, „Keilerei", Szenen, Wettspiele und anderes

„Warten auf das Paradies ...

Ideen für ein Interview-Spiel: Der leibeigene Bauer Walter und seine zweite Frau Irmgardis antworten auf Fragen des Postreiters Gerhard

1. Deckt zunächst die beiden Antwort-Spalten ab. Versucht eigene Antworten auf die Fragen zu finden.
2. Verarbeitet die Stichworte des Interviews (zu-sammen mit euren Forschungsergebnissen) zu ei-ner Reportage (für eine Mittelalter-Zeitung, für ei-nen Fernsehbeitrag, für eine öffentliche Befragung der „Ritterfamilie" vor Publikum usw.).

Ich weiß wirklich nicht, wie wir in all' dem Elend zurechtkommen sollen ...

Wenn wir nur auf Gott vertrauen, wird vielleicht alles gut ...

Frage:		
1. Kommt deine Familie hier aus Birkendorf?	Das kann sein. Ich kann mich nur an meine Eltern erinnern, die lebten immer schon hier ... Sie waren früher freie Bauern, gehören jetzt dem Ritter Cornelius von Warstein	Isolde Greven von der Burg oben hat mich gekauft und mit Walter verheiratet. Ich komme aus einer Grafschaft jenseits der Berge. Unser Herr hat sein Vieh und uns alle verkaufen müssen.
2. Welche Aufgaben hast du?	Ich muss die Felder bearbeiten, Holz fällen und nach der Ernte an der Burg Warstein bauen.	Ich kümmere mich um den Stall und die Tiere, mache Butter, backe Brot, wasche und halte alles in Ordnung. Nebenbei stelle ich mit den Kindern vieles her: Körbe, Stoffe und so was ... Öfter muss ich für die Burg-herrin arbeiten.
3. Was ist für dich die schönste Zeit im Jahr?	Wenn der harte Winter vorbei ist und wenn es Kirchweih-Feste oder Hochzeiten gibt ... Auch bei den Turnieren auf der Burg fällt für uns schon mal was zu essen ab ...	Wenn ich den Markt in Heidenfeld besu-chen kann oder wenn ich mit anderen Frau-en zusammen bin, um beispielsweise etwas gemeinsam vorzubereiten. Wir helfen uns gegenseitig, so gut wir können ...
4. Was ist zu deiner Wohnung zu sagen?	Unsere Hütte ist aus Holz und Lehm. Ein Backofen ist außen angebaut; die Tiere haben einen Stall, der aber ziemlich kaputt ist. Letzte Woche sind die Ziegen ausgebro-chen und haben den Gemüsegarten fast leergefressen ...	Als Mädchen habe ich in einem winzigen Einraum-Haus gelebt, Tiere und Menschen zusammen, das war schön warm! Jetzt schlafen wir alle auf einem Strohlager in der Ecke und in der Mitte auf dem gestampften Erdboden ist eine Herdstelle.
5. Und was ist mit Krank-heiten?	Ein Auge ist leider erblindet, die Zähne sind verfault und die Zehen des rechten Fußes sind abgefroren ... Als ich mir mit der Sichel in die Hand geschnitten habe, bin ich an der Entzündung fast gestorben.	Leider sind schon drei meiner Kinder an Krankheiten gestorben. Ich selbst habe die letzte Geburt nicht gut verkraftet. Walters erste Frau ist sogar dabei tot geblieben ... Seit einem Monat fühle ich mich elend, aber uns kann sowieso niemand helfen ...
6. Was ist deine größte Angst oder Sorge?	Dass es so lange dauert, bis die Mühen des Erdenlebens zu Ende sind. Das einzige, was mich in der letzten Zeit freut, ist die Aussicht auf das Paradies im Jenseits.	Dass wir wieder so eine schlechte Ernte be-kommen wie vor zwei Jahren und hungern müssen, oder dass jemand in meinem Haushalt ernsthaft krank wird...

* Nicht allen Bäuerinnen und Bauern ging es immer so schlecht. Es gab zeitliche und regionale Unterschiede.

Unter Dach und Fach – Wohnen in Heimersroth

Siedlungen im ländlichen Raum

Dörfer entstehen

> **sehr alt:**
> -lar, -loh, -mar, -tar
>
> **bis zum 9. Jahrhundert:**
> -hausen, -heim, -hofen,
> -horst, -husen, -stadt, -stedt,
> -wedel, -weiler
>
> **aus Rodungen zur Land-
> gewinnung:**
> -brand, -busch, -hagen
> (= Wald), -rath, -reuth, -rode,
> -roth, -schlag
>
> **in der Nähe von Bauten:**
> -burg, -kappel, -keppel,
> -kreuz, -münster, -zell
>
> **achtet auch auf:**
> Burg-, Kirche-, Markt-,
> oder: -mund, -furt usw.

1. Erkundigt euch nach der Landnahme im frühen Mittelalter und erklärt in Text, Comic oder Spiel die Stationen der Besiedlung (*Landzuweisung mit Urkunde, Rodung, Abstecken der Grundstücke, Anlage der Felder und Bau der Häuser*).
   Wie ging man bei der Rodung vor?
2. Findet heraus, ob es in eurer Umgebung Siedlungen gibt, auf die eines der Namensteile zutrifft (*s. Kasten*) und überprüft die Entstehung anhand der Ortsgeschichte (*Rathaus, Bibliothek*).

Mittelalterliche Geheimsprache?

Allmende	Joch	Morgen *(nicht Tageszeit!)*
Hufe	Kummet	Brache
Schulze	Häusler	Etter/Edder
Gewanne	Kate	Dreifelderwirtschaft
Flurzwang	Mark *(nicht Geld!)*	Meierei

3. Versucht einige der Begriffe zu erklären, die auf Zustände in den Dörfern des Mittelalters verweisen.
4. Sucht in eurer Umgebung nach Bauernhöfen. Zeichnet sie und stellt fest, ob sie einem der genannten Typen ähneln.

> **Was Ihr noch tun könnt:**
> – Regt eine Diskussion an zum Thema: „Früher war es schöner, aber heute geht es uns besser ..."
> – Modelle von Häusern und Dorfanlagen bauen (*Felder, Wälder, Allmende, Wasser usw.*)

„Der Bauer ist an Ochsen Statt, nur dass er keine Hörner hat ..."

Die Landbevölkerung als leibeigene Versorger ihrer Herrschaften

1. Erklärt, wie es zur Abhängigkeit ehemals freier Bauern kam.
2. Klärt mit Hilfe der Abbildung, welche Abgaben und Dienste gleistet werden mussten.

Info 1:

Vom Freien zum Leibeigenen

Freie Bauern, die ihren Pflichten zum Kriegsdienst nicht mehr nachkommen konnten *(oder etwas verschuldet waren)*, begaben sich in die Obhut eines Grundherrn. Dieser sicherte Schutz zu, verlangte dafür aber Abgaben und Hilfsdienste.

Info 2:

Was zum Leben übrig bleibt ...

Vielen Bauern verbleiben nach Abzug der Saat, Pacht, Zehnt und Abgaben nur etwa 650 kg Roggen und 200 kg Hafer pro Person und Jahr. So entfallen bei einer Familiengröße von sechs Personen auf den einzelnen pro Jahr rund 120 kg Brotgetreide. Es ist daher nicht ungewöhnlich, dass oftmals Hunger herrscht.

Dieses wenige ist noch nicht sicher, da Mißernten, Viehsterben und Kriege den Ertrag mindern, die Höhe einiger Abgaben aber bestehen bleibt. Die Bauern arbeiten im Sommer 16 Stunden lang ...

3. Spielt Szenen zur schwierigen Situation der abhängigen Landbevölkerung. Legt Sprechrollen fest, die an den Infotexten und Bildern orientiert sind. Berücksichtigt auch die Haltung der Bauern im Bild. Welche Abgaben bringen sie?

Szene 1: Die Bauern von Leutesdorf bringen ihrem Grundherrn die Abgaben.

Szene 2: Der Bauer Ludger kann seinen Zehnten der Äbtissin des Klosters nicht abliefern *(Missernte, Krankheit)*. Ihm drohen harte Strafen: Haft, Körperstrafen, Verstümmelung der Hand ... *(Personen: Ludgers Familie)*

Szene 3: Ludger vor der Äbtissin. Sie will herausfinden, ob Ludgers Angaben wahr sind ... Sie versucht ihn einzuschüchtern. *(Personen: Äbtissin Reginhardis, Verwalter, Scharfrichter, Ludger, 2 Knechte, seine Frau usw.)*

Szene 4: Irmgardis will heiraten, der Geliebte gehört einem anderen Herrn. Damit ist die Heirat unmöglich. Lösung: Ablehnung der Hochzeit? Flucht? „Zukauf" des Geliebten durch die Äbtissin?

„Im Märzen der Bauern ..."

Jahreslauf der bäuerlichen Arbeiten

1. Ordnet den Monaten die verschiedenen Arbeiten zu und erklärt, warum der jeweilige Zeitpunkt sinnvoll ist *(Reihenfolge unter dem Bild absichtlich in Unordnung)*.

2. Vergrößert das Bild als Anschauungstafel *(Folie, Projektor, 2 m x 2 m)* und erklärt es euren Mitschülerinnen und -schülern.

3. Vergleicht mit der heutigen Situation *(Arbeitsphasen, Maschinen)*.

1. Getreide mähen; 2. Schwein schlachten; 3. Dünger *(Mist)* auf die Felder tragen und umgraben; 4. Getreide dreschen; 5. Wein im Bottich treten *(Trauben ausquetschen)*; 6. in die Stadt reiten und Geschäfte erledigen; 7. Bäume beschneiden; 8. Acker roden *(hacken)*; 9. Gras mähen *(Heu machen)*; 10. Schweine im Wald mästen; 11. Wintergetreide säen; 12. Schafe scheren

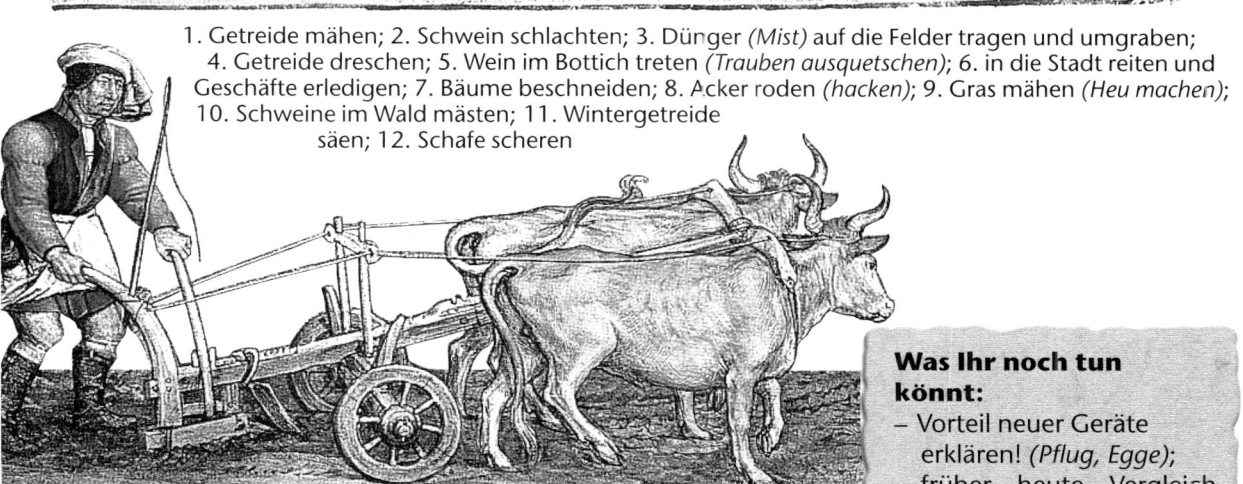

Was Ihr noch tun könnt:
– Vorteil neuer Geräte erklären! *(Pflug, Egge)*; früher – heute – Vergleich

Bauernkinder im Mittelalter ...

Statt Schule nur Spielen?

1. Informiert euch und andere über das Leben von Bauernkindern im Mittelalter
Der niederländische Maler Pieter Breughel d. Ä. *(um 1550)* hat ein Bild mit zahlreichen Kinderspielen gemalt. Einige sind ausgeschnitten und abgebildet. Beschreibt die Spiele und prüft, ob diese oder ähnliche noch heute gespielt werden.

Spiele, die aus dem Mittelalter stammen, und heute noch gespielt werden können ...
Schach, Kreisel und Peitsche, Ballabwerfen („mü-de-matt-krank"), Steinschnellen, Kloot schießen *(aus Friesland)*, Hakeln *(Bayern)*, Bleigießen, Eierkippen, Murmelspiele, Stelzengehen usw.

2. Kinder wurden immer auch als Helfer bei der Arbeit gebraucht. Zählt die Arbeitszeit des Bauernkindes zusammen; wie viel Stunden ist es beschäftigt? Stellt die Arbeitszeit auf einem 24-Stunden-Zifferblatt dar. Versucht das gleiche mit eurer Arbeitszeit *(Schule und Mithilfe zuhause)*. Was stellt ihr fest?

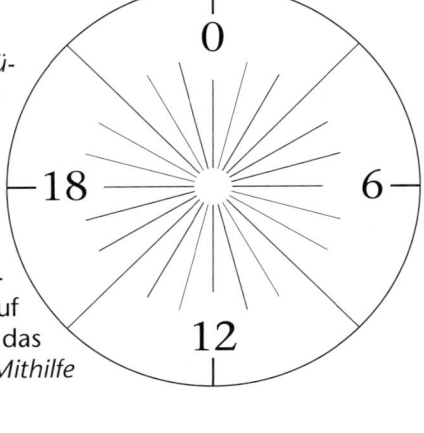

Arbeiten von Kati, 6 Jahre

(Arbeitszeit in Minuten jeweils in Klammern)
Um 5.00 Uhr aufstehen und Feuer im Herd anmachen (30), zwei Ziegen melken (30), Kaninchenstall sauber machen (30), Grünfutter suchen (40), Hühnereier im Stroh suchen (30), Wasser vom Brunnen holen (30), Feldblumen suchen und in die Kapelle bringen (40), im Garten Unkraut ziehen (60), bei der Wäsche helfen (60), Essen aufs Feld bringen (40), Geschirr abwaschen (20), Besorgungen zum Nachbarn (20), beim Aufspulen von gesponnenen Wollfäden helfen (60), Beeren, Pilze, Nüsse, Löwenzahn-Blätter sammeln (120), den Vorhof kehren (30), nochmal Wasser vom Brunnen holen (30), auf die beiden Kleinsten aufpassen, dabei Hülsenfrüchte auslesen (sortieren) (120), beim Abendbrot helfen (30), die Stube auskehren (30), abwaschen (20), beim Versorgen der Tiere helfen (40), müde schlafen gehen

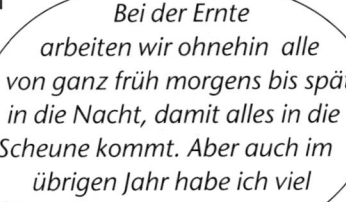

Bei der Ernte arbeiten wir ohnehin alle von ganz früh morgens bis spät in die Nacht, damit alles in die Scheune kommt. Aber auch im übrigen Jahr habe ich viel zu tun ...

Was Ihr noch tun könnt:
– Spiele-Parcour mit mittelalterlichen *(Kinder-)* Spielen aufbauen und Teilnehmer zum Spielen bringen
– Sich bei älteren Leuten nach Spielen aus früheren Zeiten erkundigen; Spiele ausprobieren!
– euch über den Alltag von Bauernkindern in der Dritten Welt informieren *(„Alles wie vor 1000 Jahren bei uns!?"* Findet Einzelheiten heraus zu: Arbeitseinsatz, Besitzverhältnissen, Ernährung, Schulbildung, Wohnung usw.)*.

Bundschuh und grobes Leinen ...

Die Kleidung der Landbevölkerung

1. Schaut euch die Abbildungen an und beschreibt die Kleidungsteile der verschiedenen Personen.
2. Erkundigt euch nach Stoffen, Farben und Zubehör, das zur Herstellung der Kleidung genutzt wurde *(Beispiel: im Lexikon alte Färbemittel nachschlagen ...).*
3. Und: Zu welchen Arbeits- und Lebenssituationen musste die Kleidung passen? Was musste sie aushalten? Wie wurde gewaschen und getrocknet? Gab es Waschmittel? *(Welche?)* Wurde gebügelt? *(Wie?)* Wie schützte man sich gegen Regen?
4. Wählt aus, wie ihr Informationen über Kleidung weitergeben könnt.

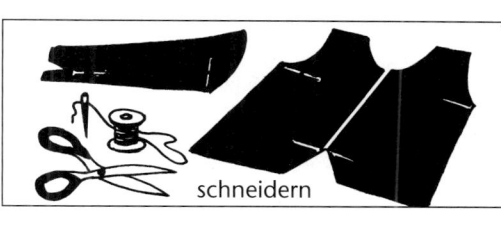

schneidern

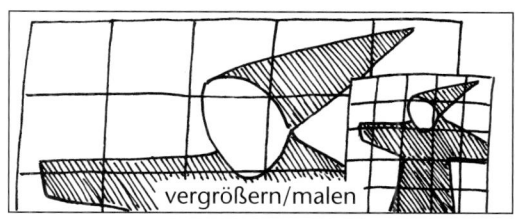

vergrößern/malen

Ankleide-Puppen

41

Wunderkuh –
Lieferantin von 1000 nützlichen Dingen ...

... sie zieht den Wagen und gibt Milch

Den Menschen des Mittelalters war noch bewusst, wie die einzelnen Teile eines Tieres verwendet werden konnten.

1. Lest das „Gedicht von der Kuh" und findet heraus, wozu die Kuh alles „gut" ist.
2. Vergrößert die Zeichnung auf großflächiges Papier und schreibt die im Text genannten Produkte hinzu.

Kerzen, Öl, Margarine — Filz — Leder

Dünger, Hornmehl, Knöpfe, Kämme — Hörner — Talg, Fett — Haare — Haut — Fleisch — Muskel

Wurst, Dünger, medizinische Grundstoffe — Blut — Darm — Milch

Knochen

Fett, Öle, Futtermittel, Seife — Hufe

Dünger, Hornmehl, Knöpfe, Kämme — Wursthaut, medizinische Grundstoffe — Trinkmilch, Sahne, Käse, Butter, Joghurt, Trockenmilch

Dünger — Mist

Das Gedicht von der Kuh.

Die Kuh gibt weiße Milch, die rein ist und belebend und auf die man stolz ist.
Gut gesalzen, in Formen geschüttet werden auch gute Käse aus ihr. Dicke und dünne Molke ist die Freude der Kinder.
Dazu die frische Butter: Zwischen Bologna und Salerno ist sicherlich nie ein bessers Nahrungsmittel als die gefunden worden. Man benötigt sie, um Leckerbissen zu-zubereiten. Zusammen mit Rüben ergibt sie ein Pflegemittel für uns Menschen.
Mit dem Unschlitt leuchtet man.
Aus dem Kopf, dem Hirn, stellt man Würste her.
Mit den zähen Sehnen – auch sie sind von Nutzen – drischt man Getreide.
Wer einen guten Rindfleischbraten hat, bekommt eine Suppe: hat er ein gutes Stück, dann findet sich ein Leckerbissen, der Mark genannt wird: davon werden die Menschen stark.
Falkenhauben, Hundebänder, Armleder, Beinbekleidung, Waffenhandschuhe von der Kuh: alles ist aus Leder, das die Kuh liefert, wie wir es vernommen haben.
Ich erwähne die Decke, aus Häuten macht man Säcke, die man über Kopfbedeckung und Helm zieht, damit sie vor Staub geschützt und schön bleiben, sowie den Rost fernhalten. Dann überzieht man Schild und Buckel mit Sehnen und Kuhhäuten, dies erzähle ich den Leuten.
Den Riemen am Kesselhut tragen alle guten Ritter und Knappen.
Ein Sitz aus Haut ist gut für den Hintern.
Sitzt ein Bischof darauf, so bemüht er sich um Weisheit. Auch das soll nicht ausgespart bleiben: man hat die Haut zur Freude.
Und ich will Euch noch mehr erzählen: In den hängenden Wagen spannt man Kuhhäute, darauf sitzen die Bräute.
Mehr noch erzähle ich von der Haut: Man stellt große wertvolle Bücher her, aus denen man singt und vorliest. Bei Trompeten und Trommeln, die aus Häuten entstanden sind, soll man nicht trauern.
Es sind keinesfalls nur Träume: Peitschen, Halfter, Zaumzeug, Steigleder, Hinterreif, Vorderzeug, Handtaschen macht man.
Mit Gegenleder und Gurten turniert ein Mann besser. Schöne Sättel rüstet man allein mit Leder und Bein aus. Jetzt muss ich mir Mühe geben: Die Kinder spielen mit Würfeln.
Auch an die Kissen auf den Bänken, die mit Häuten überzogen sind, ist zu denken.
Aus den Knochen stellt man große und kleine

Würfel her, die flink auf dem Brett rollen.
Aus dem Horn werden sodann gute Kämme. Vor allem kleine Kinder pflege man damit gut, wie man es aus gutem Grund tun soll.
Vom Horn hat man auch gerne Laternen. Stellt man ein Licht hinein, so kann man sie auch im Wind benutzen.
Ebenso umgibt man den Bolzen (der Armbrust) vorne mit Kuhhorn.
Sodann fertigt man kraftvoll aus dem Horn das Heft des Messers.
So sehen die Schreiber ihre Hörner kaum leer: sie entnehmen daraus Tinte und schreiben den Leuten.
Aus den Häuten werden durch den, der mit dem Leder sachgemäß umgehen kann, gute Stiefel zum Schutz der Füße und sohlen. Das muss man glauben.
Die Holzschuhe sind noch da, auf denen man gut geht, weite und enge Schuhe, auch kurze und lange, die manchmal knarren.
Aus dem Haar stellt man Polster, Seil und Filz her; man macht Zaumzeugteile, den Kindern einen Ball aus Haaren, dem alle nachlaufen, wenn hin und her gespielt wird.
Den Schwanz nagelt man an die Tür; damit zieht man sie auf und zu.
All das kommt von der Kuh.
Noch ist das Lob nicht vollendet, das der Kuh zu zollen ist: Sie wirft junge, kecke Kälber, aus denen Farren, Ochsen werden.
Wenn man die fetten Kalbsdärme gesotten und geröstet isst, dann sind sie nahrhaft, und man bekommt doch noch seinen Kopf durch sein Gewand.
All das ist nicht gelogen: Armbrust und Hornbogen taugten gar nicht, ja sie brächen entzwei, wenn es nicht die guten, zähen Sehnen gäbe, die die Kuh liefert.
Es ist eine wahre Freude.
Sodann nimmt man schwarze und graue Klauen und droht mit einem Vaterunser, um den Teufel einen Schrecken einzujagen.
Ihr denkt vielleicht, ich wolle Euch nur schön reden und vergesse fast die Blase, die sich gut zum Pfeffersack eignet.
Am Feiertag wird sie auch zum Dudelsackspiel verwandt.
Es ist kaum zu leugnen, dass auch der Kleidersaum damit geschützt wird.
Dann faßt man die Sporen in Leder.
Des weiteren will ich nicht davon ablassen, Euch den Schlauch zu nennen: darin lagert man Wein.
Auch er ist aus Rindsleder.

Und erst die nützlichen Kummete, worin die Pferde ziehen, ferner die Jochriemen, mit denen die Kühe ziehen.
Niemand wird das bestreiten können: Mancher schnürt sich mit breiten und schmalen Gürteln, die man überall trägt.
Die Ringe aus Knochen daran tragen Männer und Frauen.
Wer der Handschuhe und Fingerhüte bedarf, dem nützt das Leder: Ledersäcke und Taschen stellt man aus den Häuten her und Flaschen; Trichter und Zapfen zur Aufbewahrung des Weines, Stricke und Scheiden für Schwert und Messer, sowie schöne Futtersäcke für das Vieh.
Noch mehr kann ich anführen: Die Blasebalge sind zu nennen, die der Wunsch der Schmiede sind.
Sodann ist da noch der wertvolle Schwanz: daraus entstehe ein guter Peitschenwedel; wenn man Pferde beschlagen muss, kann man sie damit züchtigen..
Dass die Orgeln schön laut erklingen, kommt von der Haut.
Wer Hunde verjagen will, der binde ihnen eine Blase an die Schwänze, so dass sie denken, es sei ihr Untergang, und schrecklich heulen; Knaben, ja Kinder überhaupt, und junge Menschen lernen mit ihrer Hilfe schwimmen, wenn sie im Wasser sind.
Die Leute, die kein Fensterglas haben, tun folgendes: Sie machen einen Rahmen, bespannen ihn mit dem guten Flomen und beziehen damit, nach guter alter Sitte, ihre Fenster.
Mit dem warmen Dünger bestreicht man den Boden, wer schlechte Äcker düngen will, der muss dazu Mist nehmen.
Man sollte eher die Leiche einer Kuh beweinen als die eines üblen altes Weibes.
Dass die Jungen lebensfroh sind, bekümmerte die Alten schon immer.
Noch mehr Nutzen, den die Kuh spendet, kennt der König nicht.
Jetzt endet die Erzählung über die Kuh.
Das soll Euch nicht verdrießen.

Was Ihr noch tun könnt:
- Zieht Erkundigungen über die heutige Tierverwertung ein.
- Klärt die Frage, was Schlachttiere und Gummibrächen/Fruchtgummis miteinander zu tun haben.

Werkstatt der Bauern von Petershagen ...

Geräte und Produkte aus Hausproduktion der Bauern ... zum Nacharbeiten
für Ausstellung und Fest

„Dideldum ... geht schon der Hopser um!"

Ländliche Feste im Mittelalter

1. Findet aus den Bildern Einzelheiten ländlicher Feste heraus. *(Schaut euch die kleineren Gruppen auf dem Bild an: was tun sie gerade? Wie wird das weitergehen?)*
2. Fertigt eine Reportage an. *(Radio Birkesdorp, Musik und Gelächter im Hintergrund: „Wir sind hier auf dem Dorffest anläßlich ...")*
3. Entwerft Spielszenen *(Hilfe: S. 75, 76)*

Was Ihr noch tun könnt:
– Informationen in Volksliedern suchen (*„Zum Tanze da ging ein Mädel ..."* – *„Lass doch der Jugend ..."*)
– Auftritt beim „Ländlichen Fest": Reigen üben, Stangenklettern, Ringkämpfe, Lieder singen
– CD: Zupfgeigenhansel, Ougenweide, Hannes Wader, Os und Hein *(s. auch S. 10)*

! **Vorsicht ... Falle!** Bedenkt, dass in vielen Abbildungen und Texten das Bild der bäuerlichen Bevölkerung verzerrt dargestellt wird. Ihre Leistungen für die Allgemeinheit werden missachtet und sie selbst häufig herabgesetzt und verspottet! Das müsst ihr bei eurer Arbeit berücksichtigen!

Landleute in Volksliedtexten

Zum Vortragen, Spielen, Bildermalen und mit Federkiel schön schreiben

Heja, spann den Wagen an ...
seht der Wind treibt Regen übers Land.
Hol die goldnen Garben.
(mündlich überliefert)

Im Märzen der Bauer ...
die Rösslein einspannt,
er setzt seine Felder und Wiesen in Stand,
er pflüget den Boden, er egget und sät
und rührt seine Hände frühmorgens und spät.

Die Bäurin, die Mägde, sie dürfen nicht ruhn,
sie haben im Haus und im Garten zu tun:
sie graben und rechen und singen ein Lied,
sie freun sich, wenn alles schön grünet und blüht.

Und ist unter Arbeit das Frühjahr vorbei,
so erntet der Bauer das duftende Heu;
er mäht das Getreide, dann drischt er es aus:
im Winder da gibt es manch fröhlichen Schmaus.

O ich armer Lothringer Bur,
wie isch mir das Läwe sur!
Ich wäs net inn unn wäs net uss,
am sammefelle isch min Hus.

Ich han drey Perd, sisch kens nix wert,
da än, das höngt so hin un her,
das zwät hat nur drey Zän im Mull,
das dritt isch blind unn isch so ful.

Ich han ä Kuh, die han ich zum halb,
dem Metzger gehert ja schun das Kalb,
ich han ken Stroh unn a ken Heu,
das Lab im Wald isch mini Streu.

Ich han e Wan, wu äni Läter hat,
ich hane Pluck, do fählt e Rad,
ich ha e Eig mit nur drey Zän
unn a ken Geld für zuum Waner gehn.

Ich armer Lothringer bur,
wi isch mir das Läwe sur!
O Gott, o Gott, ach nimmermehr,
ach, wenn ich nur änmol im Himmel wär!

Ich bin das ganze Jahr vergnügt;
im Frühling wird das Feld gepflügt.
Dann steigt die Lerche hoch empor
und singt ihr frohes Lied mir vor.
Und kommt die liebe Sommerzeit,
wie hoch ist da mein Herz erfreut,
wenn ich vor meinem Acker steh
und soviel tausend Ähren seh.

Rückt endlich Erntezeit heran, dann muss die
blanke Sense dran: Dann zieh ich in das Feld
hinaus und schneid und fahr die Frucht nach Haus.

Im Herbst schau ich die Bäume an, sehe Äpfel,
Birnen, Pflaumen dran, und sind sie reif, so
schütt'l ich sie. So lohnet Gott des Menschen Müh!

Und kommt die kalte Winterszeit, dann ist mein
Häuschen überschneit, das ganze Feld ist
kreideweiß und auf der Wiese nichts als Eis.

So geht's jahraus, jahrein mit mir, ich danke
meinem Gott dafür und habe immer frohen Mut
und denke: Gott macht alles gut.

Bunt sind schon die Wälder
gelb die Stoppelfelder und der Herbst beginnt.
Rote Blätter fallen, graue Nebel wallen,
kühler geht der Wind.

Wie die volle Traube
aus dem Rebenlaube purpurfarbig strahlt!
Am Geländer reifen, Pfirsiche, mit Streifen
rot und weiß bemalt.

Flinke Träger springen,
und die Mädchen singen, alles jubelt froh!
Bunte Bänder schweben zwischen hohen Reben
auf dem Hut von Stroh.

Ceige tönt und Flöte
bei der Abendröte und im Mondesglanz;
junge Winzerinnen winken und beginnen frohen
Erntetanz.

45

Bildvorlagen für eine Comic-Geschichte

Stelle einen Comic zum Leben im Mittelalter zusammen:

1. Idee überlegen *(Worum soll es gehen? Zinszahlung, Hochzeit, Konflikte zwischen Grundherrn und Bauern, Familienfragen, Unterhaltung zwischen Hörigen usw.)*
2. Bilder kopieren *(z.B. unten, aber auch aus Büchern usw.)*
3. Weißes Zeichenblock-Blatt *(DIN A3)* in Felder einteilen
4. Figuren erst ausschneiden und hin und her schieben, wenn die Position stimmt aufkleben und mit Sprechblasen reden lassen.

Macht Stadtluft frei?

Was ihr herausfinden und tun könnt!
(Fragen, Arbeitsvorschläge, Aktivitäten, Produkte)

1 Was steckt hinter der Redensart „Stadtluft macht frei!"
- Ursache von Landflucht herausfinden
- Interesse von Grundherren an Stadtgründungen beschreiben
- Bildinfos *(mindestens DIN A3)* malen: Verschiedene Ursachen von Stadtentwicklung: *(nahe Burg, Kreuzung, Furt usw.)*
- Leute befragen, was sie heute am Leben in Stadt oder Land attraktiv finden
- Szenen spielen *(z. B. Seite 53)*

3 Wie verlief die Entwicklung einzelner Städte?
- die Vergangenheit einer Stadt untersuchen *(siehe Seite 48)*
- Ausstellung der Ergebnisse planen *(dazu Infotische, Interviews, Podiumsdiskussionen, Spielszenen)*
- Foliensatz herstellen *(„Overlay")*, der die Abschnitte einer Stadtentwicklung zeigt *(Beispiel: Köln, Münster, Freiburg usw.)*
- Stadtmodell aus Klötzchen *(S. 79)*

6 Wer gehörte nicht zu den „ehrlichen Leuten"?
- Infos über Außenseiter der mittelalterlichen Gesellschaft finden und mit heutiger Situation vergleichen
- Wer wurde damals geringer geachtet als heute? *(Beispiele: Musiker, Masseur, Schornsteinfeger usw.)*

Präsentationsvorschläge
- Ausstellung „Leben in der mittelalterlichen Stadt" mit Modellen, Bildvergrößerungen, Info-Texten und Hintergrundmusik;
- Szenen: 1. Gerichtstag am Großen Markt;
  2. Stadt-Revolution „Weg mit den Patriziern!! Alle Macht den Handwerkern!!"
  3. Die Pest ist in der Stadt (Aufregung, Leichen-Abtransport, Ärzte-Auftritt, Geißler-Prozessionen, drohende Gewaltausbrüche gegen „Sündenböcke", besonnene Bürgerinnen und Bürger verhindern das …)

2 Wer siedelte an welchen Stellen der Stadt?
- Berufsgruppen und ihre Bedürfnisse hinsichtlich Wohnens vergleichen *(z. B. Gerber, Stadtschreiber)*
- ein Ansiedlungsspiel durchführen *(je 2 Schülerinnen/Schüler)*; Ergebnisse besprechen und bewerten;
- eigenen Ort überprüfen: wer wohnt wo, weshalb?

4 Wie können wir uns in historische Berufe und deren Entwicklung einfühlen?
- ursprüngliche Berufe im Bild darstellen *(Übergang Handwerk zu Kunst)*
- Spezialisierungen *(Schmied, Goldschmied)*, Spezialtechniken, die beherrscht wurden
- Weiterentwicklung bis heute *(Industrieproduktion, Handelsketten)*
- Was ist ursprünglich in der Hand von Männern oder Frauen? Aus welchen Gründen gab es Veränderungen *(z. B. Bierbrauerin → Bierbrauer u. a.)?*
- Handelskammer/Innungen besuchen
- Interviews mit Handwerker/innen oder Händler/innen führen, in die Schule einladen oder in Gruppen besuchen.

5 Welche Aufgaben hatten die Zünfte und wieso gab es Streit um die Herrschaft in der Stadt?
- Aufgaben herausfinden *(Dialoge, Spielszenen; in Bild-Infos fassen)*;
- Spannungen zwischen Stadtadel *(Patrizier)* und neuen gesellschaftlichen Gruppen im Rollenspiel nachstellen;
- sich beim Gemeinde/ Stadtrat informieren

7 Wie waren die hygienischen Verhältnisse in der Stadt?
- Kloaken, Hospitäler usw.

8 Wie kleideten sich die verschiedenen Stände?
- Informationen über „standesgemäße Kleidung" herausfinden
- Kleidung nachschneidern oder Entwürfe vergrößert zeichnen
- Gespräche über Kleidung erfinden

9 Mit Tatsachen zur Geschichte der Stadt spielen:
- Lügengeschichten *(z. B. Seite 57)*
- Entwicklung und Einzelsituation in Comics oder Szenen darstellen
- Schützenfest, Jahrmarkt, Übungen der Stadtwache nachspielen
- Gaukler, Wunderheiler, Wahrsager auftreten lassen *(Stadtbüttel sperrt Leute in den Turm usw.)*

Unser Ort hat eine eigene Vergangenheit ...

(Erkundungsvorschlag)

Jede Gemeinde hat ihre eigene Geschichte, auch der Ort, in dem ihr wohnt. Oft ist durch Umbauten oder Kriegszerstörungen nicht mehr viel aus alter Zeit übrig geblieben. Geht man aber mit offenen Augen durch die Straßen, lassen sich noch viele Spuren der Vergangenheit entdecken.

1. Erklärt am Beispiel der ehemaligen Römerstadt Köln, wie sich alte Ortsgrundrisse bis in die Gegenwart im Stadtbild nachweisen lassen. *(Kopiert die Karten auf Folie und legt diese während des Vortrags übereinander (overlay). Vielleicht funktioniert das auch mit Karten eurer Gemeinde.)*

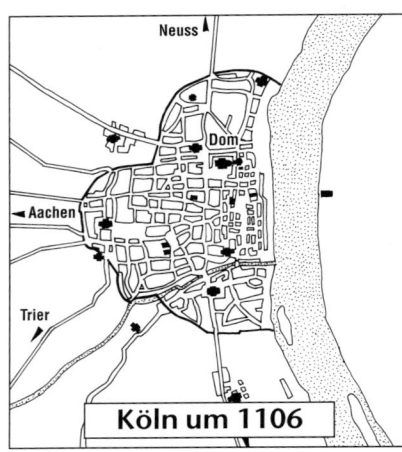
Köln um 1106

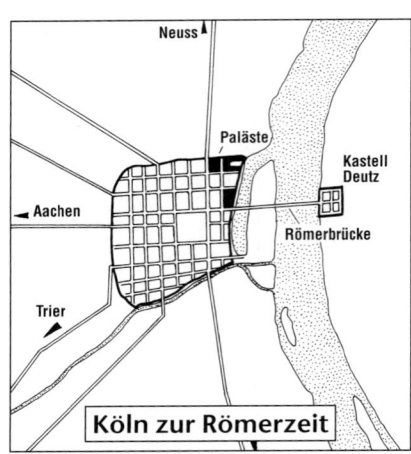
Köln zur Römerzeit

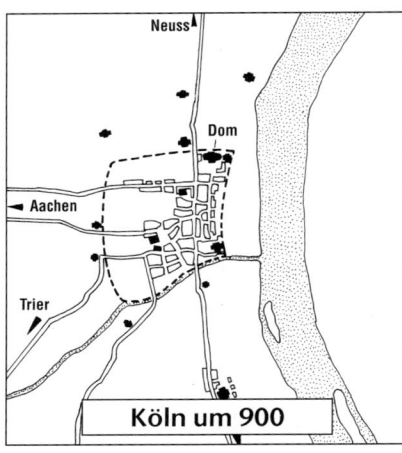
Köln um 900

Köln nach 1180

2. Sucht euch eine der nachstehend vorgeschlagenen Arbeitsweisen aus, mit der ihr etwas über vergangene Zeiten in eurem Ort entdecken könnt! Versucht vor allem, Spuren aus dem Mittelalter zu finden *(Lebt ihr in einer „jüngeren" Gemeinde, versucht es in Nachbarorten!).*

Befragt ältere Mitbürger: „Wie war es früher ...?" *(Denkt auch an Vereine im Ort und deren Geschichte.)*

Fotografiert alte Häuser, Höfe, Fabriken, Kirchen, Brücken usw.; notiert die Namen.

Sucht alte Grabsteine/Kreuze auf dem Friedhof. Notiert die Namen und Geburtsdaten. Leben die Nachkommen noch? Woher kam die Familie?

Sucht in der Bücherei, beim Pfarrer usw. nach alten Karten, Bildern oder Büchern über eure Gemeinde.

Plant einen Besuch im nächstgelegenen Museum. Berichtet von eurer Erkundung.

Zeichnet alte Gebäude, Inschriften, Türen, Gitter, Maschinen usw. ab. Erkundigt euch nach dem Entstehungsjahr!

3. Berichtet von euren Erkundungen; stellt Fotos, Zeichnungen und die Ergebnisse von Interviews aus *(Wandzeitungen? „Führungen"? Berichtsrunde?).*

Wo sollen die Töpferinnen wohnen ...

Ein Planspiel-Teil zum Ausprobieren

1. Malt den Plan auf eine Heftseite. Sucht je sechs verschiedene Berufe aus der Liste und zeichnet im Heft ein, wo sie wohnen sollen. Begründet euren Vorschlag.
2. Diskutiert die Ergebnisse. Sind alle einer Meinung? Gibt es verschiedene Möglichkeiten, die gleich gut sind?
3. Spielt, wie es weitergeht. Nicht jeder der Ansiedler ist mit dem Ansiedlungsvorschlag einverstanden. Was passiert? Wie einigt man sich?

Wo sollen die Töpferinnen wohnen?

Nicht nur Handwerker lebten im Schutz der Stadtmauern. Die guten Verkaufsmöglichkeiten zogen auch zahlreiche Händler an. Bald folgten viele Menschen, die in der wachsenden Siedlung Arbeit und Brot finden konnten. Oft wurde der Platz in den schnell größer werdenden Städten eng. Einzelne Berufsgruppen haben sich im Laufe der Zeit freiwillig oder unter Druck der Stadtregierung in bestimmten Gebieten angesiedelt. In Wirklichkeit haben sich die Städte nur selten nach einer vorherigen Planung entwickelt. Stellt euch vor, ihr würdet über die Ansiedlung von Berufsgruppen in einer mittelalterlichen Stadt entscheiden. Noch ist fast alles frei und unbewohnt ...

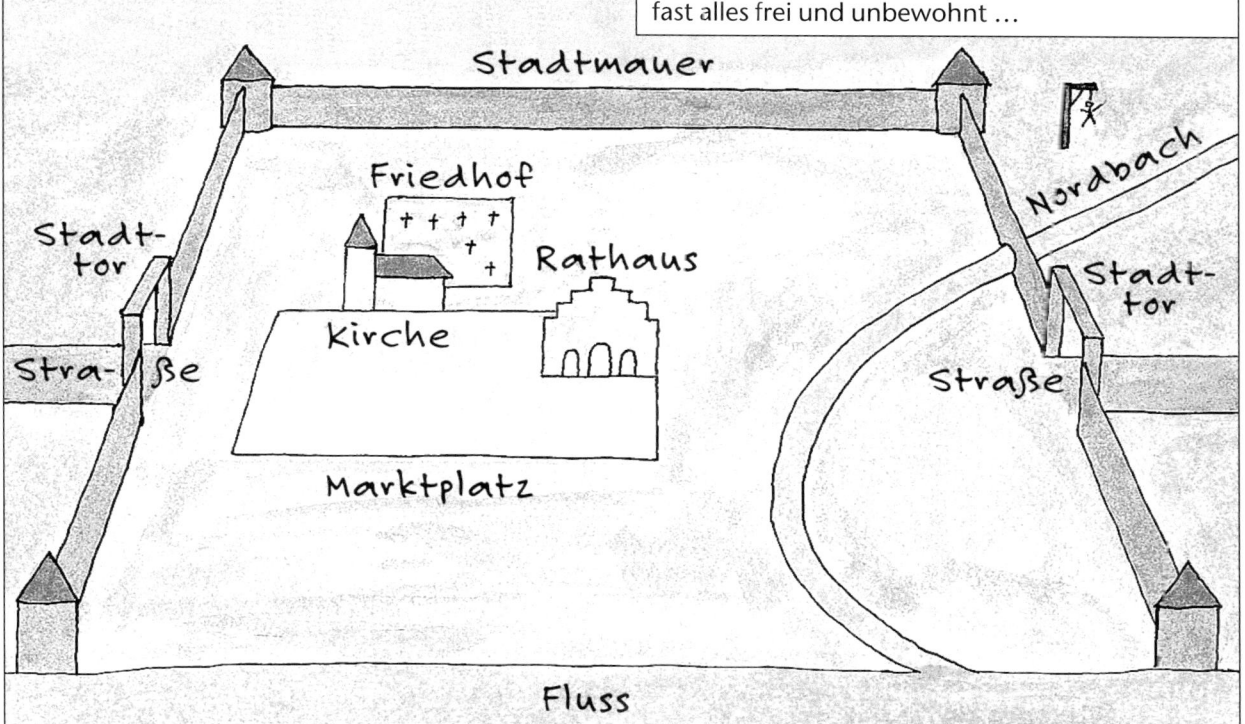

Berufe, die es in jeder mittelalterlichen Stadt gab:

Arzt und Apotheker müssen für alle erreichbar sein
Bäcker wird von jedem täglich gebraucht

Gerber stellt Leder her; die eingelegten Tierfelle stinken sehr; viel Wasser nötig
Töpferin brennt die Töpfe; feuergefährlich!
Zoll-Einnehmer muss am Stadteingang Zölle kassieren
Pfarrer ist oft in der Kirche zu finden
Müller Mühlen werden im Mittelalter mit Wasser oder Wind betrieben
Wirtin führt eine Wirtschaft, wo viele Leute sich treffen
Fischer holt die Fische aus Fluss oder Teich
Schmiede machen ziemlichen Krach

Salzhändler beliefern häufig die Fischer (Salz zum Einlegen der Fische)
Henker richtet Verurteilte meist außerhalb der Stadtmauern hin.
Schuhmacher braucht Leder
Schneider verarbeiten Tuche/Stoffe
Weberin stellt Tuche/Stoffe her
Färber färben Stoffe, brauchen viel Wasser zum Ausspülen
Türmer hält von einem hohen Turm Ausschau
Gießer stellt Gussstücke aus Metall her; feuergefährlich
Tagelöhner verdienen wenig, brauchen billige Wohnung
Jüdische Händler leben oft im Schutz der Stadtverwaltung
Totengräber arbeitet auf dem Friedhof

Was ihr noch tun könnt ...

- aus anderen Tatsachen der mittelalterlichen Stadtgeschichte „Planspiel-Teile" herstellen (z. B. Wer soll bestimmen: reiche Kaufleute – Handwerker – Zünfte oder der alte Stadt-Adel)
- im Telefonbuch eures Ortes nach Namen suchen, die von Berufsbezeichnungen abgeleitet wurden (Schmied, Schreiner usw.)

Von China bis Nowgorod –
weit reichte der Handel im Mittelalter

In ganz Europa blühte der Handel. Sogar aus China und Indien kamen Waren über die Seidenstraße. Die Seestaaten Venedig und Genua waren Umschlagplätze der Güter aus dem Orient. Die meisten Waren kamen auf dem Seeweg, andere über die Flüsse oder über Land.

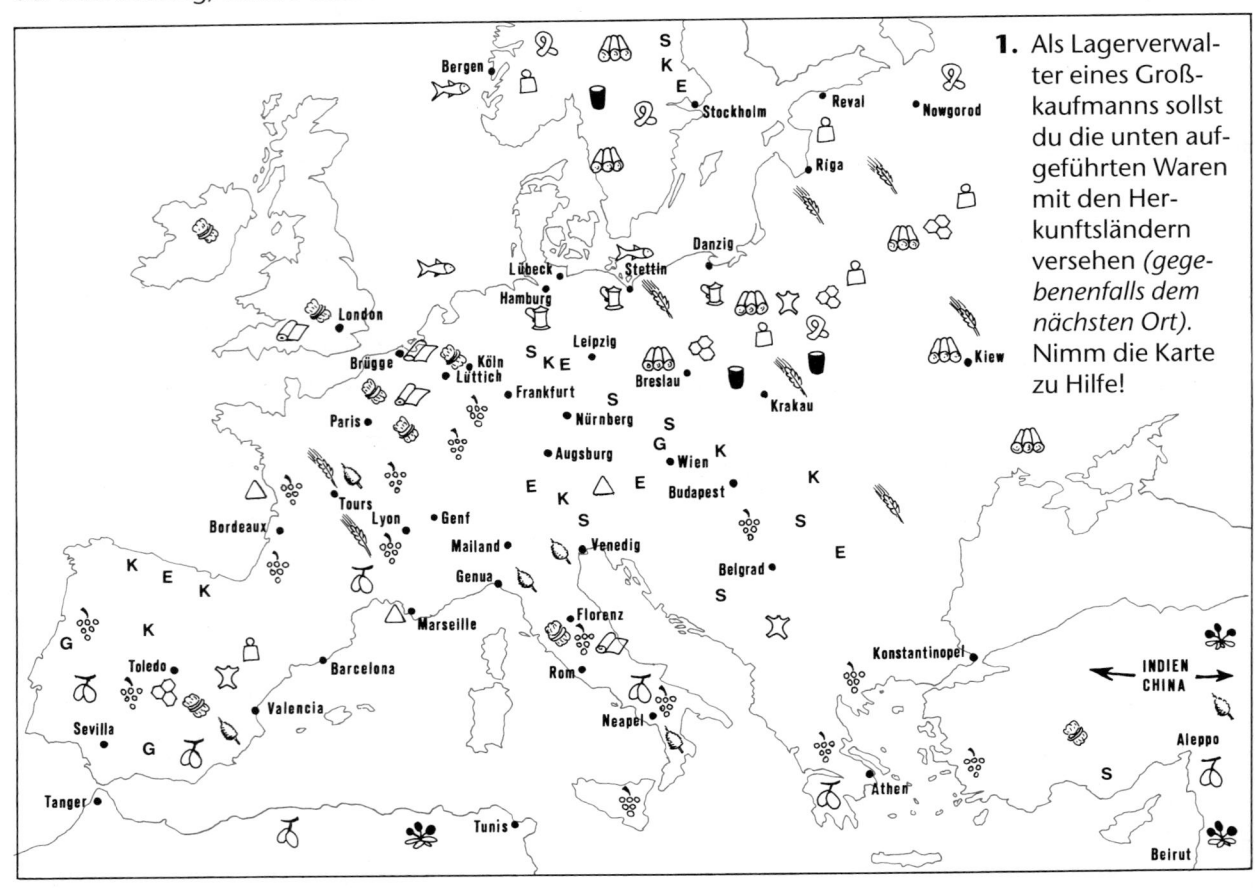

1. Als Lagerverwalter eines Großkaufmanns sollst du die unten aufgeführten Waren mit den Herkunftsländern versehen *(gegebenenfalls dem nächsten Ort)*. Nimm die Karte zu Hilfe!

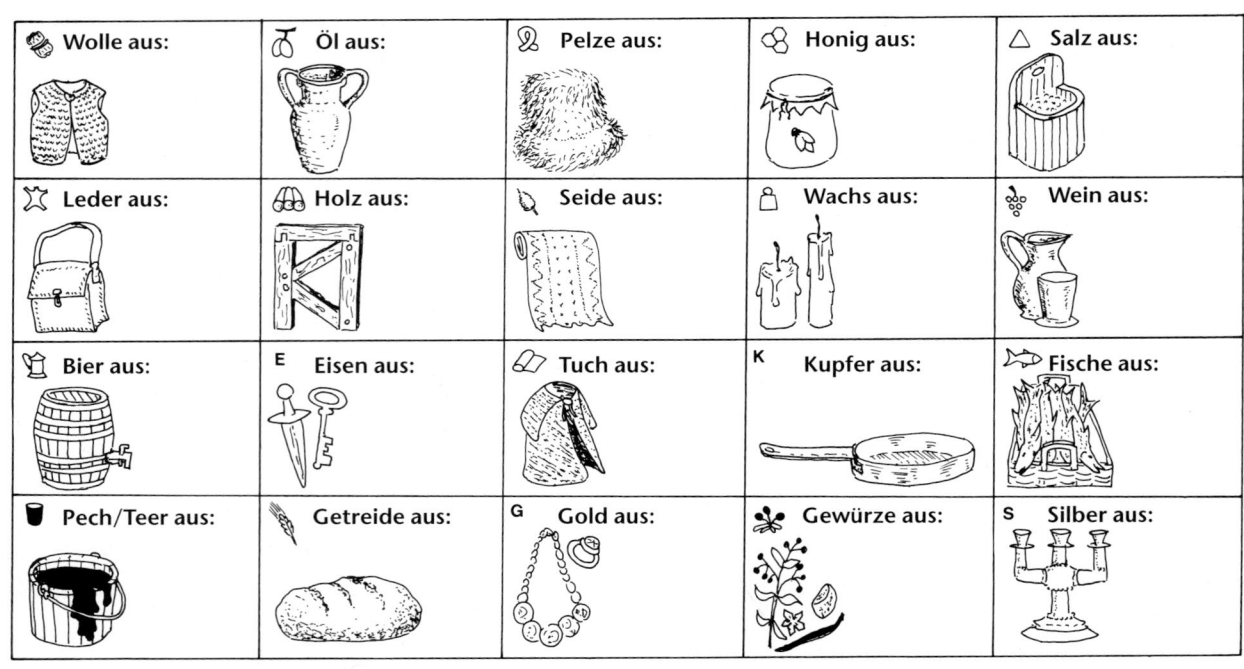

Wolle aus:	Öl aus:	Pelze aus:	Honig aus:	Salz aus:
Leder aus:	Holz aus:	Seide aus:	Wachs aus:	Wein aus:
Bier aus:	Eisen aus:	Tuch aus:	Kupfer aus:	Fische aus:
Pech/Teer aus:	Getreide aus:	Gold aus:	Gewürze aus:	Silber aus:

Handwerks-Berufe
im Mittelalter und heute ...

1. Kopiert die Bilder auf Folie; vergrößert sie lebensgroß und zeichnet sie ab. Versucht, die Berufsbezeichnungen zuzuordnen.
(Bäcker, Seiler, Fassbinder, Brauer, Buchdrucker, Dachdecker, Schneider, Färber, Feilhauer, Wagner, Weber, Schmied)

Was ihr noch tun könnt ...
– Informiert euch über Techniken der einzelnen Berufe, stellt sie nach und probiert sie aus: backen, weben, töpfern usw
– Nehmt Kontakt mit Innungen auf, besucht Betriebe und führt Interviews; findet heraus, ob es Betriebe gibt, die noch mit alten Techniken arbeiten *(z. B. Kunstschmiede)*

Zünfte – die tun was!

„Belauschte" Gespräche können Aufgaben der Zünfte klären

1. Wertet die Gespräche aus. Findet jeweils Überschriften, die eine Aufgabe der Zünfte benennen!
2. Spielt die Gespräche nach oder zeichnet eine 6-teilige Bildergeschichte pro Gespräch!

 Also, Mattes, ich bin wütend. Heute kam ein guter Kunde von mir. Er wollte aber überhaupt nichts kaufen. Er meinte, er bekäme genauso schöne Fässer beim Gerhard. Und um die Hälfte billiger. Sag mal, was macht der Blödmann bloß? Der kann doch seine gute Ware nicht zu so einem Preis verschleudern? Wenn der die Preise so verdirbt, können wir alle nicht mehr von unserer Arbeit leben ... !"

„Das ist noch gar nichts! Auf dem Markt verkaufte letzte Woche ein Bauer aus Essen seine selbst gebastelten Fässer. Krumm und schief, sag ich dir! Da muss sich doch mal jemand drum kümmern. Qualität muss sein, oder? Hinterher sagen sonst die Leute: Die Fassmacher werden auch immer schlechter!"

 „Tag, Agnes. Was macht die Familie?"

„Gut, danke. Aber der Junge macht uns Sorgen. Er soll mal was Anständiges lernen. Jetzt suchen wir eine Lehrstelle für ihn. Aber du weißt ja selbst, wie das ist. Viele Meister wollen nur eine billige Arbeitskraft. Sie nehmen das Lehrgeld, aber beibringen tun sie den Lehrjungen nichts."

„Ach ja! Hab ich auch schon gehört. Aber gib ihn doch zu mir in die Lehre. Unsere Zunft hat alles festgelegt, was zu einer guten Ausbildung gehört. Und daran müssen sich alle Meister halten."

 „Oh Gott, hast du schon gehört? Letzte Nacht ist Manfred, der Schmiedemeister aus der Kettengasse ganz plötzlich gestorben."

„Ist ja schrecklich, wo er doch noch so kleine Kinder hat."

„Ja, und seine Frau kann den Betrieb auch nicht weiterführen. Sie ist zwar recht tüchtig und kann sogar schreiben, aber den Schmiedehammer wird sie wohl nicht schwingen wollen."

„Dann gehe ich jetzt mal gleich in unser Zunfthaus. In dem Fall müssen wir alle zusammenstehen. Wir könnten Manfreds Witwe in der nächsten Zeit kostenlos helfen und alle ihre Aufträge fertig stellen."

„Das würdet ihr tun?"

„Klar, das ist Handwerkerpflicht! Das machen wir auch, wenn jemand von unseren Zunftgenossen schwer krank wird. Ist doch Ehrensache!"

 „Eine Unverschämtheit von den Bürgermeistern ist das ... wenn ich einen zu fassen kriege, haue ich ihm mein Metzgerbeil ins Kreuz! Die glauben, sie können sich alles leisten ...!"

„Stimmt. Die reichen Kaufleute wollen alles allein bestimmen! Jetzt die Sache mit der neuen Marktordnung! Und ihre Bürgermeister sind dauernd auf ihrer Seite! Dabei sind wir diejenigen, die hier in der Mehrheit sind. So geht das nicht weiter!"

 „Kommt rein, Meister Gebhard von Hagen. Ich kenne euch gut. Was kann ich für euch tun?"

„Was Wichtiges, Meister Albert. Meine Tochter wohnt ja jetzt hier in der Stadt. Und ich würde gern auch herziehen, damit wir alle zusammen sind. Und ich möchte natürlich als Schreinermeister ein eigenes Geschäft aufmachen."

„So etwas muss die Versammlung der Meister in der Zunft entscheiden. Sie passen darauf auf, dass nicht zu viele Meister sich gegenseitig Konkurrenz machen. Du weißt, am Ende lohnt sich sonst die Arbeit für keinen mehr. Ich lege auf jeden Fall ein gutes Wort für dich ein!"

 „Ist ja wirklich ein tolles Fest heute! Wenn sich die Zunft trifft, ist immer was los."

„Ja, richtig „zünftig" feiern – da geht nichts drüber ..."

„Auf der anderen Seite: Unsere Aufgabe, die Stadt zu verteidigen, dürfen wir darüber auch nicht vergessen!"

„Tun wir ja auch nicht. Letzte Woche haben wir mit den anderen Zünften abgesprochen, wer welches Stück der Stadtmauer verteidigt. Und beim Übungsschießen am Stadtgraben sind die Armbrustmacher Sieger gewesen."

„Siehst du, da gibt es auch wieder einen Grund ein tolles, ‚zünftiges' Schützenfest zu feiern."

Was ihr noch tun könnt ...
– Zunftzeichen erklären (vergrößern, malen, über Handwerker-Ständen beim Mittelalter-Fest befestigen).

Machtkampf in Neustadt!

Wer hat das Sagen in der Stadt?
Bürger kämpfen für Unabhängigkeit und Selbstverwaltung

Rollenspiele zu Interessenkonflikten in der mittelalterlichen Stadt
Themenvorschlag: Immer Ärger mit dem Stadtherrn.

Rollen-Karte 1: Gertrud Auffermann; Seiden-macher-Meisterin, 27 Jahre, kluge, ruhige Frau;
Einstellung: Probleme löst man am besten durch Absprachen – ohne Streit und Gewalt.
Ziel: Will dass die Zunft-Meister in Zukunft die Stadt regieren.

Rollen-Karte 2: Gerhard, Leinewebergeselle, 18 Jahre, aufbrausend, gewaltbereit, radikal;
Einstellung: Hat „die Schnauze voll" vom dauernden Reden.
Ziel: Will, dass das Blut der Adeligen und Reichen fließt. „Wer den Reichtum der Stadt erarbeitet, soll auch entscheiden dürfen. Die andern müssen weg!"

Situations-Karte

1. Auf dem Platz vor dem Rathaus haben sich unzu-friedene Bürger versammelt. Sie sind wütend, weil sie ihre eigenen Angelegenheiten noch immer nicht selbst regeln dürfen. Sie warten auf den Ver-treter des Stadtherrn; dem wollen sie ihre Forde-rungen nach Selbstverwaltung vortragen.
2. Als er eintrifft, gibt es eine erregte Diskussion.
3. Wenig später mischt sich ein Leinewebergeselle ein. Gegen ihn wenden sich jetzt alle: Mitreden soll nur, wer einer Zunft oder Gilde angehört.
4. Kann eine Lösung gefunden werden?

Rollen-Karte 3:
Hubert, Schreiner-geselle, 15 Jahre, läs-sig, macht sich lustig über alle Anwesen-den; nur der Grund-herr Spiegel macht ihn super-wütend
Einstellung/Ziel:
1. Alle sollen mitbe-stimmen; vor allem die vielen kleinen Leute, nicht nur die Reichen oder die Zunftmitglieder. 2. Findet Gertrud zu lahm („… kriechst denen in den Hintern, nur weil sie dich als Frau mitmachen lassen …") 3. Typen wir Worringen möchte er verprügeln. („Halsabschneider", „Leuteschinder")

Rollen-Karte 4:
Sebastian Overstolz, Kaufmann, 45 Jahre, würdevoll; auf Ausgleich bedacht; einer der reichsten Leute in der Stadt;
Mitglied und Sprecher der Gilde „Eisenmarkt"
Einstellung: Streit und Kampf bringt nichts!
Ziel: Jeder, der Steuern zahlt, soll auch „mitregieren".

Rollen-Karte 5: Hermann von Worringen, 64 Jahre, adeliger Grund- und Hausbesitzer arrogant; eingebildet
Einstellung: „Meine Familie gab es schon, da wusste man von euch anderen noch nichts …"
Ziel: Will mit wenigen adeligen Familien die Stadt regieren. Der Stadtherr soll sich nicht ein-mischen – aber erst recht nicht irgendwelche „Zunft-Heinis"!

Rollen-Karte 6: Karl von Gymnich, 45 Jahre, adeliger „Greve", das heißt: Vertreter des Stadt-herrn, machtbewusst; herablassend
Einstellung: Versteht gar nicht, was die Leute alle wollen; der Stadtherr ist im Recht; seine Macht braucht er nicht zu teilen.
Mitbestimmung für Kaufleute und Handwerker findet er eine Zumutung.
Ziel: Ordnung schaffen! „Wer sich nicht fügt, fin-det sich vor Gericht oder im Gefängnis wieder!"

Weitere Spielanlässe:
– Ein Badersohn darf wegen seiner Familie keinen „ehrlichen Beruf" ausüben.
– Eine Schülerin hat Lust zu lernen, ihre Eltern haben aber das Schulgeld nicht.
– Zwei Geschwister müssen im Laden ihrer El-tern helfen, haben aber keine Lust.
– Zwei Sechzehnjährige sollen verheiratet wer-den, weil die Grundstücke der Eltern günstig nebeneinander liegen. Sie will aber nicht, weil sie einen anderen liebt!
– Ein Junge ist ausgerissen. Er erhält Gefängnis-haft im Turm und Schläge.
– Freundinnen beraten ihre Zukunft: Kloster oder Ehe und Haushalt oder selbst etwas lernen, es gibt aber wenig Frauenzünfte!
– Eine junge Frau war nicht standesgemäß gekleidet *(zu kurzer Rock, Pelzschmuck am Kragen)*. Sie wird bestraft!
– Ein Schmiedemeister verweigert dem jüdischen Händler Nathan die Bezahlung seiner auf Kredit gelieferten Rohstoffe.

Walter ist abgehauen! Oder: Machte „Stadtluft Frei"?

Materialien als Denk- und Spielvorlagen

1. Seht den Comic durch; klärt den Inhalt und berichtet anderen darüber! *(Szenisches Spiel?)*

Barbara: Was soll das? Du kannst dich doch nicht hinter mir verstecken.
Junge: Bitte nicht verraten! Ich heiße Walter und bin meinem Grundherrn in Rheydt weggelaufen. Wenn ich ein Jahr und einen Tag hier in der Stadt lebe, ohne dass er mich findet, bin ich frei, denn Stadtluft macht frei.
Johannes: Wie lange bist du denn schon hier?

Walter: Drei Monate. Ich habe mich mit Betteln und Gelegenheitsarbeiten durchgeschlagen. Aber jetzt habe ich eben meinen Grundherrn gesehen. Wenn er mich entdeckt, werde ich mein Leben lang sein Höriger sein. Bitte rettet mich!
Johannes: Das geht doch nicht. Wir sind aus einer vornehmen Familie und können dir nicht einfach helfen.

Barbara: Aber Mutti sagt immer, wir sollen jedem helfen, der in Not ist. Meinst du nicht, Walter wäre der ideale Küchenjunge, den Maria schon so lange sucht? Wir können ihn doch erst mal mit nach Hause nehmen und Vati fragen, was er meint.
Johannes: Wenn du meinst. Dann komm mal mit, Walter.

2. Nachdem viele Grundherren den Nutzen von Stadtgründungen begriffen hatten, erließen sie besondere Stadtrechte. Lest die „Urkunde" und findet heraus, welcher Nutzen sich sowohl für den Grundherrn als auch die Bürger ergeben könnte.

Der Vater war, wie Johannes richtig vermutet hatte, nicht begeistert. Erst als er hörte, wer Walters Grundherr war, ließ er sich erweichen, denn dieser war selbst in Köln für seine Grausamkeit bekannt.
Maria aber schloss Walter gleich in ihr Herz und zeigte ihm ihre Zuneigung, wo sie nur konnte.

Ich, Hildebrand von Steinfels, tue hiermit kund und zu wissen: Welcher Kaufmann oder Handwerksmeister sich an unserem neu errichteten Markte niederlässt, der soll ein Stück Grund zur Errichtung eines Haushaltes erhalten; fernerhin soll er in meinem gesamten Gebiete zollfrei handeln dürfen. Mir und meinen Nachfolgern ist nur ein Zins von einem und einem halben Schilling im Jahr zu bezahlen.
Allen Besuchern meines Marktes gewähre ich Frieden und Schutz innerhalb der Mauern. Jeder soll sich unbehelligt und frei niederlassen dürfen. Wer über Jahr und einen Tag in der Stadt gewohnet hat, ohne dass irgendein Herr ihn als Leibeigenen zurückgefordert hat, der hat von da an dieselben bürgerlichen Freiheiten wie alle meine Stadtbewohner.
Die Bürger sollen mitbestimmen können, wer als Vogt meine Rechte vertreten soll. Sollte ein Streit zwischen den Bürgern entstehen, so will ich nicht die Rechtsprechung an mich ziehen. Es soll Recht gesprochen werden nach der Gewohnheit des Kölnischen Rechts. Lediglich das Hoch- und Halsgericht wird von mir ausgeübet, kann dasselbe aber mit Schöffen der Stadt beschicket werden.

Was ihr noch tun könnt ...
– Das „Stadtrecht" *(mit Einzelheiten eures Wohnortes ergänzen)* und vom Herold verkünden lassen.
– Feststellen, wen Stadtluft nicht „frei" machte

Nicht gesellschaftsfähig:

Unehrliches Volk – Außenseiter der Gesellschaft

Info:
Zum „unehrlichen Volk" gerechnet wurden: Fahrendes Volk *(Spielleute, Musikanten, Clowns, Dompteure, Zauberer)*, Henker, Totengräber, Abdecker *(„Schinder")*, Hundefänger, Fellplücker, Kloakenreiniger *(spöttisch „Goldgräber" genannt)*, Bader, Huren, Heiler ohne Studium, Priester-Kinder, Wahrsager, Sinti und Roma *(„Zigeuner")*, mitunter auch: Müller, Leinwand-Weber, Schornsteinfeger. *(Kinder galten schon dann als unehrlich, wenn diese Berufe von den Eltern ausgeübt wurden!)*

Weniger verachtet – weil zur Gesellschaft zugehörig – waren Arme und Bettler, Krüppel, Blinde usw. Oft wurde mit Behinderten aber Spott getrieben … Geisteskranke nähte man in Narrenkleider oder Tierhäute ein, Blinde ließ man Schweine fangen usw.

Auf andere Weise fielen aus dem gesellschaftlichen Rahmen: Lepra-Kranke *(„Aussätzige")* und Kriminelle (z. T. „gebrandmarkt"). Zu religiösen Außenseitern machte man die Juden *(„Christusmörder")*, denen man „Ritualmorde" andichtete *(Tötung von Christenkindern).*

1. Schaut die Bilder an und beschreibt Einzelheiten; was verbirgt sich hinter den weniger bekannten Berufsbezeichnungen?
2. Denkt euch „Lebensläufe" aus, die zeigen, wie Einzelne „unehrlich" geworden sind.
3. Überlegt, ob es heute noch gesellschaftliche Gruppen gibt, die weniger geachtet sind als andere. *(Bedenkt auch, das Berufsgruppen, die im Mittelalter diskriminiert waren, heute ganz normale Ansehen genießen.)*

Zur Projekt-Präsentation:
Erscheint als Gruppe mit einer offenen Spielhandlung beim Mittelalterfest (Krücken-Prozession; Beutel-Schneider mischen sich unters Volk) ein Bader/eine Baderin klettert auf eine Kiste und hält eine Rede gegen die Zurücksetzung ihres Berufsstandes („Gern kommt ihr und lasst eure Gesundheit pflegen, aber neben mir in der Kirche sitzen wollt ihr nicht …!")

„Doro kommt zu spät nach Hause ..."

Die folgende Erzählung spielt
im Jahre 1350.

1. Einige Dinge aus unserer Zeit
   sind im Text versteckt.
   Kannst du sie finden?
2. Erfindet ähnliche Geschichten.

**Doro kommt mal wieder
zu spät nach Hause ...**

„Geh' mal eben zum Markt und hole zwei große
Brote und einen frischen Weißkohl. Aber lass Dir
nicht wieder alte Sachen andrehen ...!" Doros
Mutter hielt ihr ein paar Münzen hin und gab sie ihr
zusammen mit einem Korb. Bah, wie sie das hasste,
dauernd irgendwo hin geschickt zu werden.
Eigentlich hatte sie sich mit ihrer Freundin Kuni
treffen wollen. Immer kam irgendwas dazwischen.
Kuni würde jetzt vor dem Kino in der Sternengasse
warten. Doros kleiner Bruder Michael saß während-
dessen faul vor dem Fernseher. Er musste scheinbar
nie helfen!

Doro trat ganz in Gedanken vor die Tür. „Pass doch
auf, du Schlafmütze!" Ein Mopedfahrer hätte sie
beinahe angefahren. Sie beeilte sich, auf den Alten
Markt zu kommen. Von weitem hörte sie schon das
Stimmengewirr. Bauern aus der Umgebung standen
mit Bergen von Gemüse, Kartoffeln, Eiern und
Butter an ihren Marktständen. Die Frau mit den
Tomaten schimpfte, weil ein Käufer den Preis
herunterhandeln wollte. Am Brotstand gab es
natürlich eine Warteschlange. Doro hatte keine Lust,
sich anzustellen und spazierte über den Markt.

Der Kohlhändler hatte seinen walk-man auf, und
Doro musste ihn erst anschreien, ehe er seine
Kundin bemerkte. Er war mit den Gedanken immer
noch weit weg und packte den Weißkohl in eine
Plastiktüte, obwohl er doch sehen musste, dass sie
ihren Korb dabeihatte.

In der nächsten Reihe kam sie an den Fleischständen
vorbei. In den Kühltheken lagen Fleisch und Würste.
Das sah ja noch ganz lecker aus. Aber völlig ekelhaft
fand sie die „Kotzbank" am Rand des Marktes. Auf
einem wackeligen Tisch lagen grünlich schillernde
Fleischbrocken, Kuhschädel und Schweinefüße.

Wer wenig Geld hatte, konnte hier minderwertige
Sachen billig kaufen. Igitt, wenn sie nur die Fliegen
sah, die überall auf den Stücken saßen ...

Vom Markt ging sie in die Taschenmachergasse. In
den offenen Werkstätten sah sie die Handwerker, die
auf der Nähmaschine aus sauber zugeschnittenen
Lederstücken Beutel und Taschen herstellten.
Hinten im Laden tippte die Besitzerin des Geschäftes
Zahlen in einen Computer. Ein Bettler saß an der
Mauer und hielt sein verkrüppeltes Bein in die
Sonne. Viele Menschen waren seit dem letzten Krieg
in Not geraten. Sie hatten nicht einmal genug zu
essen, und schon gar kein Geld, um sich mal neue
Jeans zu kaufen.

In der Sternengasse standen viele Menschen um
einen Mönch, der predigte. Seine Stimme wurde
von Lautsprechern in alle Ecken übertragen. Lustlos
schlenderte Doro zum Brunnen am Fischmarkt. Sie
hatte Durst und suchte ihr Geld, um eine Cola zu
kaufen. Auf dem Rhein fuhren kleine Motorbötchen
und sie setzte sich auf die Ufermauer, um zu-
zuschauen. Jetzt mit einem Schiff wegfahren ...
Urlaub machen ... am besten weit weg in Amerika
oder Australien.

Plötzlich schreckte sie auf und schaute auf ihre
Armbanduhr: schon zehn nach sechs! Wo war die
Zeit geblieben. Sie musste Stunden vertrödelt
haben. In diesem Moment schalteten sich die
Straßenlampen ein und ihr wurde klar: Das würde
Ärger geben. Zuhause waren sicher alle wütend auf
sie, dass sie mit dem Essen warten mussten. Ach,
und das Brot, das hatte sie auch vergessen!

Na ja, dachte sie. Was muss ich auch immer gehen!
Sollte ihr fauler Bruder mal seinen Gameboy weg-
legen und auch was tun ...

„Ehgräben", „Cloaken" und „Wüstgruben" ...

Abwasser- und Abfallbeseitigung in der mittelalterlichen Stadt

1. Tragt aus den Bildern und Texten dieser Seite Informationen über die Entsorgung von Unrat zusammen.

Was ihr noch tun könnt ...
– Zieht in eurer Gemeinde Erkundigungen ein, was man von früheren Entsorgungen noch weiß und wie diese Frage heute geregelt ist *(z. B. beim Stadtreinigungs- und Fuhramt; Amt für Wasserwirtschaft und Stadtentwässerung)*
– Informiert andere mithilfe von Stadtkarten und Modellen über Entsorgungsfragen.

Ratserlass zur Sauberhaltung der Stadt:

1319: Dem Stadtarzt wird verboten, „unreine Weißel" *(= verschmutztes Verbandszeug)* auf die Straße zu werfen.
1336: Kölner Fleischmenger sollen keinen „Unflat" *(Schlacht-abfälle)* auf die Gasse schütten.
1470: Rudolf Rubli darf auf seiner Seite der Gasse Mist lagern.
Verboten sind auch auf der Straße: Tierblut ausschütten, Asche und Erde hinwerfen, Eingeweide auswaschen, Schweine herumlaufen lassen.

Wörter für **Toilette:** stilles Örtchen, Privetes, Latrine, Klosett, Klo, Abort, Lokus, WC, ... *(weitere?)*

In Städten wird die Entsorgung der menschlichen Ausscheidungen zum Problem. Latrinen-Gruben und Abwasser-Gräben sind alte Lösungen. Dort werden auch andere Abfälle hineingeworfen *(s. Ausgrabung Seite 63).*

Ehgräben = Rinne zwischen den Außenwänden aneinander stoßender Häuser, in die Abort-Erker münden. Ursprünglich Grenzgräben zwischen Grundstücken im ländlichen Bereich, wo sie der Entwässerung dienten. In der Stadt werden sie zur Entsorgung der Fäkalien genutzt. Man leitet natürliche Bäche durch die Gräben um sie zu spülen.

Wüstgruben = Gruben für Kot und Abfall; oft wird um die notwendige Entleerung vor Gericht gestritten. Städtische Verordnungen erlauben das Ausschöpfen nur bei Nacht oder im Winter *(Geruchsbelästigung);* Es gibt Spezialisten für diese Arbeit: „Pappenheimer" *(Nürnberg),* „Goldgräber" *(Köln),* „Ehgrabenrumer" *(Schaffhausen)*

Allerlei aus dem Mittelalter

Was könnt ihr herausfinden und tun?
(Fragen, Arbeitsvorschläge, Aktivitäten, Produkte)

1 Wer war Herr „Kaiser"?
– Herrschafts-System des Mittelalters verstehen und erklären

2 Wie ernährte sich die städtische Bevölkerung?
– herausfinden, was auf dem Speisezettel armer und reicher Bürger stand
– für die Ausstellung Speisen kochen, Nahrungsmittel ausstellen, Kostproben verteilen!
– Preise von Nahrungsmitteln damals und heute vergleichen

6 Wie ging man mit Krankheit und Tod um?
– Infos aus Büchern/Lexika heraussuchen; *(Stichworte: Spital, Aussatz/Lepra, Pest, Hebammen, Aderlass, Geschichte der Medizin und der Ärzteschaft, Bader)*
– mittelalterliche Heil-kunde *(Kräuterfrauen, Urinbeschau usw.)*
– die Verantwortung der Familien
– Totenbestattung und Jenseitsangst *(s. auch Seite 13/14)*
– einen Erlebnisraum zum großen Pest-Sterben einrichten *(Seite 69)*

3 Wie kleidete man sich in X-Stadt?
– in *(Kinder-)*Büchern nach Abbildungen von Kleidung suchen, kopieren, abmalen usw.
– für ein Fest mittelalterliche Kostüme nachschneidern
– etwas über die soziale Bedeutung der Kleidung sagen können *(man wollte an der Kleidung von weitem sehen, welcher Gruppe jemand angehörte, was er/sie arbeitete usw.)*

4 Wie wohnte man in Stadt und Dorf?
– Bauweise von Fachwerkhäusern erklären; Modelle bauen
– Wohnverhältnisse nach sozialem Stand vergleichen *(Patrizier = Stein-Palast, Arme-Leute-Wohnung = in den Bögen der Stadtmauer usw.)*
– Häuser in der eigenen Gemeinde erkunden *(fotografieren von Inschriften und Verzierungen)*

5 Welches Ansehen hatten Frauen und Mädchen in der Gesellschaft des Mittelalters?
– herausfinden, warum die Frau als „ewige Eva" den Männern gefährlich sein sollte
– Konkurrenz in Handwerk und Handel als Motiv von Frauen-diskriminierung untersuchen
– herausfinden, wie die alltägliche Rollenteilung funktionierte
– eine *(angebliche)* TV-Sendung aus dem Mittelalter moderieren

7 Was weiß man über Transport und Verkehr?
– Informationen über Verkehrswege und Verkehrsmittel sam-meln und darstellen
– Längsschnitte her-stellen *(„Vom Trag-gestell zum Frachtflug-zeug"),*
– Reisen damals: Ver-sorgung abgelegener Gebiete, *(Gefahren, Kosten, Dauer usw.)*

8 Warum war nicht von „Familien" die Rede, sondern von „Hausherren" und „Hausfrauen"?
– anderes Denken und Aufgabenteilung beachten; anderes Rollenverständnis der Geschlechter usw.
– Zeitreise spielen: Kinder aus Mittelalter und Jetztzeit tauschen ihre Erfahrungen und Erlebnisse aus
– Kinderspiele, Kinderalltag

9 Wie dachte man in Rechts- und Kriminalfragen?
– Infos aus Büchern/Lexika heraussuchen; Stichworte: Bäckertaufe, Gottesurteil, Körper-strafen, Feme usw.
– Informiert euch über die mittelalterliche Straf-praxis *(z. B. Duell entscheidet; Geld für Leben, „Wahrheitsfindung" durch Folter usw.)*
– Spielt eine Szene, bei der eine moderne Rechtsfrage mit mittelalterlichen Mitteln ent-schieden wird *(leichtsinniges Fahren: Pranger)*
– Schwieriger: Unterschiede zwischen römi-schem und germanischem Recht herausfinden.

Präsentationsvorschläge
– Ausstellung „Leben in der mittelalterlichen Stadt" mit Modellen, Bildvergrößerungen, Info-Texten und Hintergrundmusik;
– **Szenen:** 1. Abendessen mit gebackenen Vögeln und Hirn-Pastete; 2. Der Baumeister berät Hinrich; 3. Frauen gegen den Rat *(Streit um Kleiderordnung)*; 4. In einer Herberge an der Donau – Reisende erzählen; 5. Der Pestarzt kommt *(Erlebnisraum mit Führung)*; 6. Kinder in der Zeitmaschine usw.

Der Kaiser –

Herrscher in einem Reich mit vielen eigenwilligen Fürsten

Der Kaiser und die sieben Kurfürsten des Heiligen Römischen Reiches –
links vom Kaiser die drei Geistlichen, rechts die vier weltlichen Kurfürsten

Zum Nachschlagen im Lexikon:
„Königsheil", „Wahl- und Geblüts-
recht", „Lehnswesen", „Vasallen"

Lexikon:
Kaiser: Der höchste Herrschertitel in Europa ent-
stand aus dem Namen Caesars. Mit der Kaiser-
krönung Karls des Großen (800) lebte die römische Herrscherauffassung wieder auf. Der Kaiser
verstand sich als Schutzherr und Führer des
Abendlandes. Mit der Wahl Ottos I. (962) wurde
das Kaisertum an den jeweiligen deutschen
König gebunden. Dieser wurde seit dem 14.
Jahrhundert von den Kurfürsten gewählt.

1. Erklärt in Kurzreferaten einige Einzelheiten über
die deutschen Kaiser.
   Hilfen: Materialien dieser Seite, Infos aus Büchern, Befragung der Geschichtslehrerin oder des
   Geschichtslehrers
   Achtet auf Informationen darüber, wie man Kaiser
   und König werden konnte, weshalb es oft Streit
   mit dem Papst gab, wie die Kaiser bzw. Könige ihr
   Reich regierten.
   Präsentationsmöglichkeiten: Wandzeitung,
   Talkshow („*Wir sind geehrt heute seine Majestät,*
   den Kaiser des Heiligen Römischen Reiches Deut-
   scher Nation, Friedrich I. zu Gast zu haben.") Steg-
   reif-Spiel: Reichstag in Aachen usw.

**Zusammenarbeit oder
Konflikt?**
„Gottgewollte" Doppelherrschaft
von Papst *(über die Kirche)* und
Kaiser *(über das Reich)*

2. Zeichnet das Bild vergrößert
   ab.
3. Sucht symbolische Zeichen
   und kennzeichnet sie:
   a) Fahne als Zeichen
      weltlicher Macht
   b) „Pallium" = Stoff-
      band mit Kreuzen =
      Zeichen höchster
      geistlicher Macht
4. Mögliche Probleme
   diskutieren.

*Mosaik im
Papstpalast
in Rom, um 800* **Papst Leo** **Petrus** **Kaiser Karl**

Reichsinsignien

Botschaft aus der Folter-Hölle ...

Ein Brief ohne Worte

Ausgangs-Situation:
Der entflohene Leibeigene Gunnar aus dem Freiburgischen ist von Stadtbütteln in Frankfurt aufgegriffen worden. Falsche Beschuldigungen brachten ihn mit einem Raubmord in Verbindung, mit dem er aber nichts zu tun hatte. Da er nicht schreiben kann, hat er alles, was er gesehen und wovon er gehört hat, aufgezeichnet und gemalt.

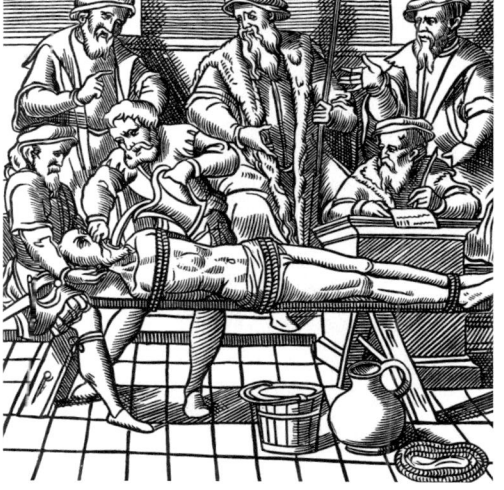

Wasserfolter

Verhör vor der Tortur

1. Versucht Gunnars Bilder zu erklären: Welche Folterwerkzeuge oder ausgeführte Torturen sind erkennbar? Was soll damit eurer Meinung nach bewirkt werden? Wie könnten die Auswirkungen sein?
2. Vergleicht mit heutiger Rechtsauffassung und Strafpraxis *(Anwälte fragen, bei Gericht zusehen!)*.

Zusatz für junge Wissenschaftlerinnen und Forscher: Versucht herauszufinden, wie sich römisches Recht vom germanischen unterschied!

Tauchstuhl

In der Folterkammer

Was ihr noch tun könnt ...
- „Zeugen" von Haft, Folter und Strafen berichten lassen *(mündlich vor Publikum, schriftlich für die Wandzeitung)*
- Gerichtsverhandlungen spielen, „Verurteilte" vorführen und *(im Spiel!)* „bestrafen" *(Pranger, Diebeshand scheinbar abhacken)*

Das Dach über dem Kopf ...

1. Schaut euch die Zeichnung eines Handwerkerhauses an.

a) Aus welchen Materialien ist es gebaut? Wie ist die Raumauftteilung? Findet ihr das praktisch?

b) Berichtet der Klasse/Besuchergruppe anhand der vergrößerten Zeichnung *(Geht dazu in die Rolle eines Maklers, der einem Interessenten die Vorzüge dieses Hauses anpreist!).*

Thomas erzählt ...

„In unserem Haushalt wohnen 16 Personen. Da bin ich und meine sieben Geschwister, mein Vater, meine Mutter, der Opa und eine ältere Schwester meines Vaters, zwei Gesellen, ein Lehrling und eine Magd, die Mutter hilft.

Alle Arbeiten sind streng verteilt: Vater hat in der Werkstatt das Sagen, Mutter in Haus, Küche und Vorratskeller. Der Opa versorgt die Tiere, Vaters Schwester kocht mit der Magd. Wir Kinder helfen überall mit, so gut wir können.

2. Spielt eine Szene, die von der Arbeitsteilung im Haushalt handelt *(Spielhandlung oder „Standbilder"/„Wachsfigurenkabinett" mit Führung).*

① Kellergeschoss mit direktem Zugang über eine Außentreppe

② Werkstatt

③ Küche und Treppe zum oberen Stock. *(Es gab noch nicht überall Kamine und so entwich der Rauch über eine Lüftungsöffnung)*

④ Wohnraum. *(Die Fenster verschloss man mit Holzbrettern, da es kaum Glasscheiben gab)*

⑤ Lagerraum

Was ihr noch tun könnt:

– Informiert euch über alte Häuser in eurem Wohnort; fotografiert oder zeichnet sie; findet das Baujahr heraus; sprecht mit den Besitzern über die „Geschichte" des Hauses, Umbauten usw.

– Besorgt euch Informationen über den Bau von Fachwerkhäusern. Erstellt ein *(Teil-)*Modell!

Körnerbrei und Katzenschnitzel ...

Körnerbrei, Obst und Gemüse – eine „natürliche" Ernährung?

Bei großen Feiern gab es manchmal Festessen, wo sich – wer konnte – mit guten Sachen vollstopfte, als käme bald eine Hungersnot. Aber der Alltag der meisten Menschen war eben kein Festtag!

1. Lest, was der Schriftsteller S. Fischer-Fabian über das tägliche Essen schreibt.
2. Zählt auf, was unter anderem gegessen wurde.
3. Was ist im heutigen Sinne „gesund" an der Ernährung im Mittelalter?
4. Wie wird heute dafür gesorgt, dass man auch im Winter Gemüse usw. essen kann?

„Fein zerrieben oder grob geschroten (in kleine Stücke zerkleinert) wurden die Körner ... und mit Wasser und Salz, manchmal auch Milch, in ... Töpfen zu Brei zerkocht. Der tägliche Brei war gewiss kein Hochgenuss, muss aber enorm gesund gewesen sein ...
Genauso wertvoll war das Gemüse, das auf den Tisch kam. Erbsen, Wicken, Bohnen sind reich an Proteinen (Eiweiß); Kraut, Rüben, Kohl enthalten die für den Darm wichtigen Ballaststoffe. Nehmen wir noch den Quark hinzu, die Molke (Käsewasser), den Schafskäse und das Obst wie Äpfel, Birnen, Zwetschgen, Brombeeren, so müssen wir den Experten zustimmen, die ... zu dem Ergebnis kamen: „Eine solche Kost erfüllte nahezu alle Forderungen der modernen Ernährungswissenschaft".
... alles, was die Menschen zu sich nahmen, war naturbelassen; das Korn nicht geschält [...], das Obst nicht gespritzt, das Gemüse nicht chemisch gedüngt und so fort. Die Fische ... kamen aus Flüssen mit kristallklarem Wasser. Das Fleisch stammte von Haustieren, die mit dem Futter keine Chemikalien aufgenommen hatten ... Sie würzten mit den frischen Küchenkräutern, die in ihren Gewürzgärtchen wuchsen ... Sie verzehrten das, was die Jahreszeit ihnen bescherte ... Der Winter war deshalb, was das Essen betraf, eine harte Jahreszeit ..."

Grabungsschnitt

Nicht unser Fall: Fleisch von Vögeln und Katzen.
Wir wissen natürlich, dass neben Brei, Gemüse und Brot auch Fleisch gegessen wurde. Auf den Tischen der Adeligen fanden sich viele Wildgerichte. Reiche Kaufleute ließen sich auch Schwäne und Pfauen servieren. Arme Leute mussten manchmal ekelhafte Reste kochen, die sonst niemand wollte. Auf den Märkten erhielt man solch minderwertiges Fleisch an der „Kotzbank".

Wissenschaftler fanden Reste der verspeisten Tiere in der Latrine *(Toilette)*
Wenn Archäologen im Boden graben, finden sie Spuren vergangener Zeiten. Neben einem Haus in Konstanz wurde die alte Latrine ausgegraben. In die Toilettengruben warfen die Leute früher auch Essensreste und allerlei Abfall.

5. Versucht – wie die Archäologen – anhand der gefundenen Tierknochen zu bestimmen, welche Tiere die Hausbewohner gegessen haben. Notiert das Ergebnis.
6. Vergleicht, wie sich der Fleisch-Speisezettel verändert hat *(Beachtet: Die unterste Schicht ist die älteste!)*.

Was ihr selbst tun könnt:
– ... als „Ausgräber" unseres Alltags arbeiten;
  1. Leert den Papierkorb in der Schule *(oder den Abfalleimer zuhause)* auf einer Unterlage aus.
  2. Notiert, was ihr findet.
  3. Stellt euch vor, 600 Jahre später fände jemand den Inhalt. Was würde er über unsere Essgewohnheiten denken?

Das „Richtige" tragen ...

Mode, die nicht jedem erlaubt ist ...

Standesgemäße Kleidung oder:
Keiner darf einfach anziehen, was er will.

Kleidung sollte eigentlich praktisch und schön sein – das war früher nicht anders als heute. Wer viel gehen muss, braucht ordentliche, bequeme Schuhe, wer praktisch arbeitet, kann keine empfindliche Kleider gebrauchen. Wenn lange Haare stören, müssen sie hochgesteckt, geflochten oder kurz geschnitten werden.

Aber – oft will die Mode etwas anderes! Das war auch in der mittelalterlichen Stadt nicht anders.

Modische Schuhe waren eine Zeitlang so extrem spitz, dass sie ganz unpraktisch waren. An Kleider wurden falsche Ärmel genäht oder Glöckchen befestigt, die bei jedem Schritt klingelten. Später schlitzte man die Jackenärmel eigens auf, um ein farbiges Futter herausschauen zu lassen.

Immer aber achteten die Bürger darauf, dass keiner das „Falsche" anzog. Kleidung war vor allen Dingen ein äußeres Zeichen für die soziale Gruppe. Man wollte von Weitem erkennen, wer einem entgegenkam. Eine Handwerkerfrau durfte deshalb keinen kostbaren Pelz an der Kleidung verarbeiten lassen. Dieses Recht hatten früher nur Adelige. Ein Bauer, der nicht im groben Kittel zum Markt gekommen wäre, sondern in einem seidenen Gewand wie sein Herr, wäre sicher bestraft worden. Genauso wäre es dem Gesellen gegangen, der sich im gleichen „Anzug" wie der Bürgermeister auf der Straße gewagt hätte. Selbst die Frisuren waren vorgeschrieben: Junge Frauen trugen das Haar offen. Ehefrauen mussten es unter einem Kopftuch oder einer Haube verbergen. Wer sich nicht an die Kleiderordnung hielt, musste mit ziemlichem Ärger rechnen!

Gugel, Kappe und Haube ...

Viele Bezeichnungen für mittelalterliche Kleidungsstücke sind heute kaum noch bekannt. Nur aus alten Berichten wissen wir ihre Namen. Wer genau hinschaut, findet Beispiele auf Bildern und Zeichnungen und auf Figuren aus Holz und Stein.

Was ihr selbst tun könnt ...

- In Büchern, auf Bildern und Figuren *(Kirche, Museum)* Kleidung und Frisuren anschauen, abmalen, fotografieren.
- Ältere Leute fragen, was zu ihrer Jugend modern war. „Modenschau" mit Kleidungsstücken der 50er-, 60er-Jahre organisieren.
- „Anziehpuppen" basteln. Grundform aus Karton schneiden; Kleider zum Wechseln entwerfen. *(Schnittmusterbücher im Mode- oder Kaufhaus)*
- Lange Gewänder aus Stoffbahnen/ Betttüchern zusammenstecken und darin gehen. Wie fühlt ihr euch?

Hier ist Mittelalter-TV mit der Sendung: „Eva war an allem Schuld!"

Was Männer von Frauen und Mädchen in unserem 14. Jh. denken und wie sie sie behandeln ...

Idee: In einem Fernsehstudio steht eine Moderatorin *(Beispiele: Spiegel-TV, Mona Lisa)*; sie sagt die Sendung an und „Schaltet" zu verschiedenen Reporterinnen und Reportern.
Die Kurzberichte werden vor Bildvergrößerungen *(Tageslichtprojektor)* abgegeben. Texte und Bilder sind nur Anregungen; ihr könnt selbst nach weiteren Infos und Bildern suchen!

Moderatorin: „Guten Tag, meine Damen und Herren. Unsere Sendung heute beschäftigt sich mit der Lage der Frauen und Mädchen *(im Mittelalter).* Unsere Mitarbeiterinnen fanden Dinge heraus, die uns alle nachdenklich machen müssten ... aber hören, sehen und urteilen sie selbst. Hier ist zunächst ein Beitrag mit dem Thema: ... *(s. u.).* Es meldet sich unsere Reporterin Yvonne Schneider aus ...stadt. Hallo Yvonne ..."

Bild 1

Reporterin 1: *(Beispiel)*
„Hallo, Anke. Wir gehen der Frage nach: **Wieso gelten Frauen und Männer nicht als gleichwertig?**
In der Bibel steht die Geschichte von Adam und Eva, die von der Schlange zum Ungehorsam gegen Gott verleitet wurden *(Bild 1).* Oft wurde besonders betont, dass Eva ihren Adam zu Verbotenem überredet hätte. Heute glaubt man, dass alle Frauen ein wenig wie Eva seien; verführerisch und gefährlich für die „guten" Männer. Deshalb müsse man besonders auf sie aufpassen und sie streng „halten". Wenn es nötig scheint, dürfen Männer ihre Frauen auch schlagen, um sie „besser zu erziehen" *(Bild 2).* Folgen Frauen dagegen ihrem Gefühl, hält man sie für schwach. Wehren sie sich gegen ihre Behandlung, findet man sie launisch und zänkisch. Tja, das ist wohl ein ziemliches Problem ... Noch heute gibt es Familien, die bei der Geburt einer Tochter sagen: „Ach, nur ein Mädchen!" Ich muss sagen, eine ziemliche Unverschämtheit! Wollen wir hoffen, dass in späteren Zeiten die Menschen anders denken. Vielleicht wird alles besser, wenn einmal das Jahr 2000 anbricht ... Das war Yvonne Schneider für Mittelalter-TV aus Kleinstadt.

Bild 2

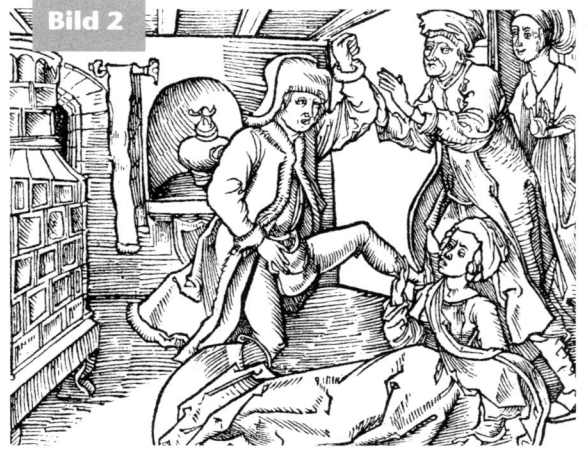

Tipps: Studio aufbauen *(vor Leinwand, in einem Riesenpappkarton-Fernseher)*, Bilder auf Folie kopieren, „lebensgroß" projizieren; Moderatorin/Reporterin extra ausleuchten oder in die Bildprojektion stellen *(Achtung: Licht blendet, Text schlecht ablesbar, besser auswendig!).*

Reporterin 2: *(Beispiel)*
Das Haus war das Reich der Frau. „Hallo, ich melde mich aus dem Jahr 1350 ..."
Eine Frau wird heute besonders geachtet, wenn sie als „tüchtige Hausfrau" gilt. Sie bringt die Kinder zur Welt, versorgt die Familie, „führt das Haus" *(was ja heutzutage eine ziemlich anstrengende und wichtige Sache ist)* und hilft ihrem Mann bei seiner Arbeit ...

Der Gelehrte Konrad von Megenberg hat in seinem Buch 1350 geschrieben: „Ich meine, der Mann ist das Haupt der Frau, daher muss er sie von Anfang an leiten und seinem Willen unterwerfen ... Selbst wenn die Frau ihrem Mann in den wichtigsten und bedeutsamsten Dingen gehorcht, hat sie doch eigentlich das Sagen über das gesamte Hausgesinde und das ganze Hauswesen."

Hilft allerdings ein Mann im Haushalt, macht man sich über ihn lustig: Die allgemeine Meinung ist, dass Männer- und Frauenarbeit streng getrennt bleiben müssen. So ist das zur Zeit im Mittelalter ... wir sind alle riesig gespannt, ob es in Zukunft nicht anders wird ... Das war ... aus ...“

Reporterin 3: *(Beispiel)*
Eine Ehe ist „gut", wenn sie wirtschaftlich erfolgreich ist. Es gibt immer wieder seltsame Leute. Die behaupten, eine Ehe müsse aus Liebe geschlossen werden. Das finden wir heute *(im Jahr 1410)* doch sehr seltsam. Hauptsache ist doch, dass die

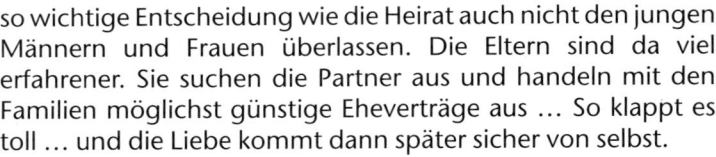

Hausgemeinschaft funktioniert: Der Besitz der Familie sollte zusammengehalten und möglichst vermehrt werden. Deshalb kann man eine

so wichtige Entscheidung wie die Heirat auch nicht den jungen Männern und Frauen überlassen. Die Eltern sind da viel erfahrener. Sie suchen die Partner aus und handeln mit den Familien möglichst günstige Eheverträge aus ... So klappt es toll ... und die Liebe kommt dann später sicher von selbst.

Ein wenig ärgerlich ist allerdings: **In unseren** *(mittelalterlichen)* **Städten dürfen Frauen nicht mitbestimmen.** In der Ratsversammlung müssen sie den Mund halten – das ist „Männersache"!, sagen die Männer. Das ist nun wirklich nicht in Ordnung. Die Frauen regeln viele Dinge selbstständig und tragen zum Wohlstand der Stadt bei. Selbst als die Seidenmacherinnen ihre Zunft gründen wollten, gab es großes Geschrei der Männer. Hoffen wir, dass im nächsten Jahrtausend die Sache anders aussieht und Frauen in allen Berufen gleichberechtigt arbeiten können. Das war ... aus ...“

Moderatorin: „Meine Damen und Herren, ehe wir uns verabschieden, möchte ich noch auf einen kleinen Skandal hinweisen. **Es gibt eine ungleiche Behandlung: Mitgift für die Mädchen, Ausbildung für die Jungen.**
Mädchen bekommen bei der Heirat eine „Mitgift" *(Ausstattung an Geld, Wäsche und Haushaltsgeräten)*. Weil das recht teuer ist, gibt man kein Geld mehr für ihre Ausbildung aus. Man denkt sich: Die geht sowieso als Hausfrau und Mutter in eine andere Familie. Deshalb bezahlt man lieber den Jungen eine Schul- oder Handwerksausbildung.
Das ist meiner Meinung nach sehr kurzsichtig: Wo sollen denn in Zukunft Ärztinnen, Rechtsanwältinnen und kaufmännische Angestellte und Techniker herkommen, wie soll eine Frau Handwerksmeisterin werden – ohne eine Schule besucht zu haben? Ich denke, hier muss sich bald etwas ändern.

Manchmal wünschte ich mir, im Jahr 2000 zu leben. Da wird das sicher alles ander sein ...
Das war für heute ihre Sendung „Mittelalter TV mit dem Thema „Eva war an allem Schuld"

Es verabschiedet sich von Ihnen: Ihre ...

Was ihr noch tun könnt:
– Andere Themen zum Bereich Jungen und Mädchen auf gleiche Weise bearbeiten, z. B. Spiele, Stellung in der Kirche, Sorgerecht usw.
– Mit fotokopierten Bildern eine Ausstellung ausrichten *(Wandzeitung)*.

„Gute Reise ..."

Unterwegs über „Stock und Stein" *(Reisen und Transport im Mittelalter)*

Infokiste mit Kurzinformationen

Wo die Wege verliefen
- seit vielen Jahrhunderten bewährte, aber ziemlich heruntergekommene Wege
- Viele Täler waren versumpft, schlecht passierbar.
- Wege führten deshalb als „Höhenwege" entlang der Bergrücken.
- Mussten Flüsse oder Bäche überquert werden, brauchte man eine flache Stelle im Wasser („Furt") oder eine der seltenen Brücken und Stege
- Wurde Zoll erhoben, führten Wege oft in einem Bogen um solche Gebiete („Mautpfad")
- Flache Boote konnten bis in kleine Flüsschen gelangen

Was alles passieren konnte
- „Pannen" *(Rad-, Achsen-, Deichsel- und Wagenbruch)*; steckenbleiben oder umstürzen
- Zugtiere fallen aus *(Pferd verliert Hufeisen, Kind bricht Bein usw.)*
- Überfälle an einsamen und unübersichtlichen Stellen
- „Schutzgelder" zahlen *(z. B. für Geleitschutz des Landesherrn)*
- Boot: auf Felsen im Wasser auffahren, in Strudeln kentern usw.

In welchem Zustand die Straßen und Wege waren
- kaum gepflasterte Straßen
- voller tiefer Löcher und Spurrillen
- war eine Siedlung in der Nähe, waren Löcher und Sümpfe mit Knüppeldämmen und Steinschüttungen ausgeglichen
- Flüsse waren kaum reguliert, Nutzung hing vom Wasserstand ab

Welche Bedeutung die Flüsse hatten
- Bis auf kurze Unterbrechungen konnten Binnen-Wasserwege von der Nordsee bis zum Mittelmeer genutzt werden
- Für Lastkähne mit wenig Tiefgang und Flöße waren viel mehr Gewässer als heute nutzbar
- Fortbewegung durch: Treiben in der Strömung, Segeln, Rudern, Staken, Treideln *(vom Ufer an Leinen flussaufwärts ziehen; „Leinpfad")*

1. Beschreibt die möglichen Transportarten und ordnet die Bilder zu *(was sind jeweils Vorzüge und Nachteile, worin liegt der Fortschritt)?*

Das könnt ihr tun:
- Bilder vergrößern, nachzeichnen, Transportprobleme lösen, Entfernungen berechnen, Reisen planen *(Karl der Große will mit 1000 Leuten nach Oberitalien; welchen Weg muss er nehmen)*; Rucksäcke packen *(Pilger)*, Geldverwahr und Behälter fürs Eingekaufte *(Bauer)*
- Längsschnitte mit Bildern herstellen *(Güter-Transport früher – heute)*

Was ihr noch tun könnt:
– Modelle der einzelnen Reise- und Transportsituationen bauen (*Diorama*) mögliche „Fahrtberichte" erfinden; Situationen nachspielen (*z. B. in einer Wirtschaft an der Lippe-Furt; Fuhrleute berichten*)
– historische Namen mit Transport und Reisen in Verbindung bringen: Burg Steinfurt, Frankfurt, Erfurt, Grevenbrück, Steinweg …, Saarbrücken, Offenbach

Sterberaum im Pest-Spital ...

Bau eines Erlebnisraumes und Pestarzt-Visite ...

Raum (oder verhangener Teil eines Raumes) abdunkeln; schwaches Licht durch Kerzen, oder 25-Watt-Glühlampen hinter Rahmen mit Papier-Fensterscheibe; auf dem Boden überall befleckte Tücher (alte Bettlaken und ähnliches). eine Ecke: „Liegeplatz Neuzugänge", Raum-Mitte: „Sterbebett", andere Ecke: „Einsargung". Krüge und Holzbottiche mit Wasser und Schwamm, Heiligenbilder mit Kerzen. Schalen, auf denen Weihrauch und Kräuter verbrennen. Hintergrundmusik: gregorianische Choräle, leise Orgelmusik („Dies irae").

Personen und Handlung

Vor dem Dunkelraum: **Mönche** als Krankenträger bringen auf Bahren (oder gestützt) Kranke mit Flecken und Beulen; Ärzte untersuchen sie; einige werden als „pestkrank" in den Dunkelraum gebracht. Hier liegen **Kranke mit Beulen**, die schreien, als man die Beulen ausbrennt. **Pestärzte** sind tätig: mit Schnabelmaske, Kapuzenmantel, Schuhe mit hohen Sohlen (gegen schädliche „Ausdünstungen" der Erde), Handschuhe und Stab (damit Kranke nicht direkt berührt werden mussten). Es werden Kräuter verbrannt und stärkere Kräutersäfte verabreicht. Ein **Sterbender** klagt sein Leid (Er weiß nicht warum es ihn trifft, er ist immer fromm gewesen, seine Familie bleibt ohne ihn zurück usw.). Daneben wird ein **Halbtoter** (röchelt) von einem auf Abstand bedachtem Priester mit Gebeten und Ermahnung auf den Tod vorbereitet. In der Ecke nähen **Beginen** einen (blass geschminkten) Toten ins Leichentuch ein.

Besucher werden in kleinen Gruppen durch die Szene geführt (Tuch vor den Mund gepresst), können Beteiligte ansprechen und fragen; kriegen am Ende Info-Zettel in die Hand (s. u.).

Soll eine große Aktion stattfinden, wären weiter denkbar: **Prediger**, die die Seuche als Strafe für begangene Sünden darstellen, **Geissler**, die zur Buße aufrufen, **Pöbel**, der auf Bestrafung von **Sündenböcken** dringt usw.

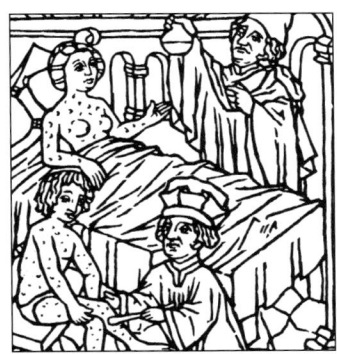

Die Pest – auch „der schwarze Tod" genannt. (Kurzinformation)

Bei schlechten hygienischen Verhältnissen vor Ratten und deren Flöhen auf Menschen übertragene Krankheit. Beulenpest (schwarze Beulen am Körper) brachte 15 von 100 Leuten um, die durch Tröpfcheninfektionen übertragene Lungenpest beinahe jeden Befallenen.

Nach damaligen medizinischen Kenntnissen wurden „üble Luft und schlechte Gerüche" oder angebliche „Brunnenvergiftung" durch die Juden verantwortlich gemacht. Wirksame Behandlungsmethoden waren nicht bekannt. Pestärzte trugen Schnabelmasken mit wohlriechenden Kräutern als Schutz gegen die Infektion. Hilfe sollten auch religiöse Handlungen bringen (Pestkreuze, Wallfahrten, Geissel-Prozessionen).

Nach Europa wurde die Pest schon in römischer Zeit aus Asien eingeschleppt, was aber nicht zu Epidemien führte. Höhepunkt der Seuche im 14. Jahrhundert, als etwa 25 Millionen Menschen – ein Drittel der Bevölkerung – starben. Ganze Gegenden wurden entvölkert.

Im 18. Jahrhundert – nach Aufflackern in Südfrankreich – erlosch die Seuche in Europa.

Was ihr noch tun könnt:
- Bi der deuten/nachmalen/beschreiben (Pieter Breughel d. A. „Der Triumph des Todes"/„Totentänze")
- euch über große Seuchen des Mittelalters informieren: Pocken, Malaria, Lepra und (am Ende des Mittelalters) die Syphilis

Kinder, die nicht alt werden ...

Kindersterblichkeit im Mittelalter

1. Bearbeitet die Materialien und macht euch ein Bild von der Kindersterblichkeit im Mittelalter. *(Gründe, Zahlen);* Berücksichtigt, dass ein Neugeborenes im Schnitt mit ca. 30 Lebensjahren rechnen konnte.
2. Sucht in Büchern und durch Befragungen *(s. u.)* nach Ursachen. Was fällt am Begräbnisbild auf?
3. Überlegt, welche Folgen die Kindersterblichkeit für das Verhältnis von Eltern und Kindern hatte. Bedenkt, dass die meisten Familien „kinderreich" waren *(8 – 14 Kinder).*

Kindsein – eine gefährliche Sache

Bis ein Kind ins Jugendalter kam, geriet es in viele gefährliche Situationen. Die Kleinen starben schon bei schwierigen Geburten oder an allerlei – heute leicht zu heilenden – Kinderkrankheiten. Sie konnten im Schlaf von Erwachsenen erdrückt werden, weil viele von ihnen kein eigenes Bettchen hatten. In ungesicherten Häusern und Straßen konnten sie leicht verunglücken, in Gruben oder Brunnen fallen, oder sich am offenen Feuer verbrennen. Auch kleine Verletzungen hatten oft schlimme Folgen.

„Kreuch heran, du mußt hy tantzen lern
Weyne oder lache, ich höre dich gern
Hettestu den totten* yn dem Munde
Es hilft dich nicht an dieser Stunde."
(= Mutterbrust)*

„Owe liebe mutter meyn
Eyn swarzer man zeut mich do hyn
Wy wiltu mich nur verlan
Itzo muß ich tantzen
und kan noch nicht gan"

Archäologen haben einen Friedhof bei der Kirche St. Johann in Schaffhausen ausgegraben und durch Untersuchung der Knochen herausgefunden, wie alt die Toten waren, als sie begraben wurden.
Dabei stellten sie fest: „Bei den Toten ... sind die Kinder mit 44 Prozent normal vertreten." *(44 Prozent bedeutet, dass von 100 Kindern bis 10 Jahren schon 44 gestorben waren. In anderen Gegenden starb jedes dritte Kind bis zu seinem zwölften Geburtstag.)*
Übertragt das auf eure Klasse. Kreuzt auf der Klassenliste jeden dritten Namen an und zählt nach. Wieviele von euch wären schon gestorben, bevor sie euer Alter erreicht hätten, wenn ihr vor 700 Jahren geboren worden wäret?

Was ihr noch tun könnt:

– Befragt Kinderärzte oder Ärztinnen nach Kinderkrankheiten und *Sterblichkeit* von Kindern.
– Besucht den Friedhof und schaut euch Kindergräber an. Wie alt wurden die Verstorbenen? Befragt das Friedhofsamt: Wie ist der Anteil von Kindern an der Gesamtzahl der Begräbnisse?
– Vergrößert das Totentanz-Bild und versucht die Schrift nachzuahmen.

Sammel-Kiste ...

Was ihr tun könnt?
(Arbeitsfelder, Aktivitäten und Produkte)

Hier findet ihr Tipps und Hilfen für zahlreiche Aktionen ...

1 Lateinische Buchstaben schreiben *(für Überschriften, Texte usw.)* – eine „Fibel"-Seite für den Sohn des Kaisers bearbeiten; mit Projektor vergrößern; verzierte Riesen-Buch-Seite herstellen

2 Kunstvolle Anfangsbuchstaben *(„Initialen")* abmalen und selbst entwerfen

3 Eine Mittelalter-„Illustrierte" herstellen

4 Redensarten und Sprichwörter untersuchen und erklären; als Szenen spielen und raten lassen

5 Mit der „Geschichten-Maschine" in Null-Komma-Nix Drehbücher für Schauspiel-Spektakel herstellen

6 Ideen für Theaterspiele verwirklichen

7 Mit wenig Aufwand einen Foto-Roman herstellen

8 Modelle bauen

9 Aus einer Vorlage eine Foto-Wand herstellen

10 Karikaturen verwenden *(für großformatige Witzzeichnungen, Hintergründe, Plakate, Handzettel usw.)*

Karikaturen von Otto Schwalge, Köln

Kunstvolle „Initialen" *(Anfangsbuchstaben)*

Im Mittelalter war der Buchdruck noch nicht erfunden. In den Schreibwerkstätten *(„Scriptorien")* der Klöster wurden alle Bücher von Hand geschrieben bzw. abgeschrieben. Viele der Abschreiberinnen und Abschreiber waren meisterhaft in der Kunst, gleichmäßig zu schreiben *(wir sagen heute „wie gedruckt")* und die Bücher mit leuchtenden Bildern zu verzieren.

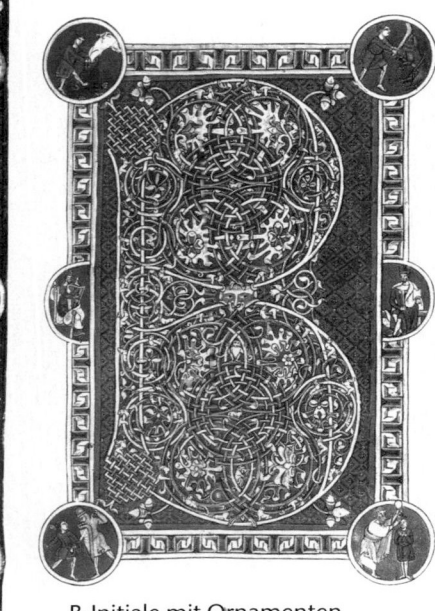

Eine besondere Kunst war das Herstellen von Initialen (Anfangsbuchstaben von Kapiteln). Das könnt ihr auch probieren.

1. Vergrößert Buchstaben auf dem Kopiergerät oder von Hand; zieht eine Folie und legt sie auf den Tageslichtprojektor. So könnt ihr die Buchstaben in jeder beliebigen Größe abmalen.
2. Gestaltet eure Wandzeitung in alter Schrift und setzt an die Anfänge der Abschnitte schöne, bunt ausgemalte Initialen.

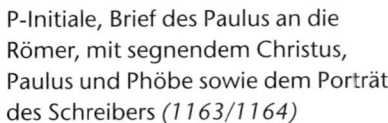

B-Initiale mit Ornamenten ausgeschmückt *(nach 1200)*

P-Initiale, Brief des Paulus an die Römer, mit segnendem Christus, Paulus und Phöbe sowie dem Porträt des Schreibers *(1163/1164)*

I-Initiale: Zachäus, der auf einen Baum klettert, um Jesus sehen zu können *(um 1030)*

Die abgebildeten Initialen zeigen drei verschiedene Möglichkeiten der Gestaltung: In den großen Buchstaben können Bilder hineingemalt werden, die mit dem Thema zu tun haben. Der Buchstabe kann aber auch mit Ornamenten ausgeschmückt werden. Oder der Buchstabe wird selbst zu einem Hauptgegenstand in einer gemalten Szene, die mit dem Thema zu tun hat.

Was ihr noch tun könnt ...
– Die Buchstaben auf lebensgroße Pappen malen und damit „lebendige Titel" stellen *(Theaterspiel, Ankündigen, Rätsel)*
– eigene *(auch lustige)* Initialen entwerfen.

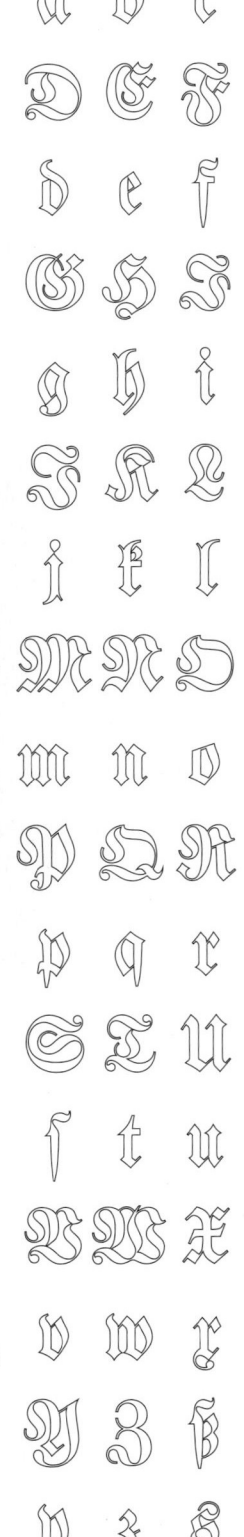

Lehrbuch für den 7-jährigen Prinzen Maximilian *(später: Kaiser Maximilian I)*; Anfangsseite mit Portrait Maximilians und seines Lehrers; ca. 1466

Hilfe:
Das Buch ist für den Prinzen geschrieben, als er schon mit Eleonore von Portugal verheiratet ist. Mitte oben: Kaiserwappen; links: Wappen von Portugal; rechts: Wappen von Österreich

am Anfang:
– Das **Alphabet** in „Fraktur-Schrift",
– dann folgt das **Vaterunser** in lateinischer Sprache: „Pater noster …"
– das **P** ist besonders aufwändig gemalt *(„Initiale")*; Prinz und sein Lehrer vor geöffnetem Fenster; Wände mit Teppichen behängt.

Übersetzung des „Vaterunser"

Im Mittelalter ist die Sprache der Gelehrten auch die Sprache der Kirche: Latein.
Hier die Übersetzung für „Nicht-Lateiner":

PATER NOSTER QUI ES IN CELIS • SANCTIFICETUR NOMEN TUUM • ADVENIAT REGNUM
Vater unser der du bist im Himmel • Geheiligt   werde   Namen   dein • Es komme   Reich
TUUM • FIAT VOLUNTAS TUA • SICUT IN CELO ET IN TERRA • PANEM NOSTRUM
dein • es geschehe Wille dein • sowie im Himmel und auf Erden • Brot   unser
QUOT (IDIANUM)
tägliches … *(hier endet die handgemalte Buchseite)*

1. Den lateinischen Text des „Vater unser" ergänzen und in „gutes" Deutsch übersetzen.
2. Über die Probleme der Mehrheit der Menschen nachdenken, die die in Latein geschriebenen Texte *(Bibel-Geschichten, Gesetzestexte, viele Fachbücher)* nicht lesen konnten.

Was ihr tun könnt …
– Das kostbare Blatt als Beispiel mit dem Projektor vergrößern *(zur Information, zur Dekoration)*
– Eine „eigene Seite" für eure Arbeitsgruppe herstellen: Zier-Ranken als Rahmen, selbst erfundene Wappen, einen eigenen Text *(über das Mittelalter)*, der Anfangsbuchstabe als „Initiale" gestaltet, mit einem Bild der Projektgruppe oder Ähnlichem

Redensarten ...

und Sprichwörter

Das bringt mich total in Harnisch!

Viele Redensarten, die wir oft benutzen, sind viele hundert Jahre alt ... ihre alte Bedeutung ist uns nicht immer klar ... Findet den ursprünglichen Zusammenhang heraus – und lasst andere raten ...

Das könnt ihr tun:

– die gemeinte Situation malen
– eine Liste machen und die alte der heutigen Bedeutung gegenüberstellen
– Geschichten erfinden, die mit einer Redensart beginnen oder enden
– Scharaden (*Rätsel-Szenen*) spielen und die Zuschauer raten lassen, welche Redensart/welches Sprichwort dargestellt wird

bei den Rittern ...

* Nichts Gutes im Schilde führen ...
* in Harnisch geraten ...
* gut gerüstet sein ...
* umsatteln ...
* unter die Arme greifen ...
* sich Sporen verdienen ...

* jemanden im Visier haben ...
* auf hohem Ross sitzen ...
* sich ins Zeug legen ...
* jemanden im Stich lassen ...
* eine Lanze für jemand brechen ...

In der Stadt ... *(mit kleinen Hilfen!)*

* etwas anprangern (*am Pranger wurde man angekettet und von Vorübergehenden beschimpft*)
* etwas nicht an die große Glocke hängen (*jeder hört es ... die Glocken rufen bei Ereignissen wie Messe, Krieg, Feuer usw.*)
* jemandem die Ehre abschneiden
* jemanden ungeschoren lassen (*Verurteilten wurden die Haare abgeschnitten, geschoren ...*)
* jemanden brandmarken (*mit einem Brandeisen wurde ein Zeichen auf die Stirn oder die Hand gemacht ...*)
* sich wie gerädert fühlen (*Verurteilten wurden mit einem Rad die Knochen zerbrochen, bzw. aufs Rad gebunden, sie wurden mit Eisenstangen zu Tode geschlagen*)

* jemanden auf die Folter spannen (*klar ...?*)
* den Stuhl vor die Tür setzen (*wer sein Haus verlor, "besaß" es nicht mehr*)
* etwas soll zünftig sein (*nach den Vorschriften der Zunft ...*)
* unter den Hammer kommen (*bei Versteigerungen und in amerikanischen Gerichten noch heute üblich ...*)
* auf die lange Bank schieben (*Akten wurden auf einer langen Bank der Reihe nach sortiert und abgelegt*)
* auf großem Fuß leben (*Schnabelschuhe*)
* eine Scharte auswetzen (*Absplitterung an der Klinge*)

Sprichworte:

Der Krug geht so lange zum Brunnen, bis er bricht!
Lehrjahre sind keine Herrenjahre!
Schuster bleib' bei deinen Leisten!

Ohne Fleiß kein Preis!
Es fehlt das Salz in der Suppe
Es ist noch kein Meister vom Himmel gefallen!
Du sollst nicht leben wie ein Stiefkind!
Der Apfel fällt nicht weit vom Stamm.

„Geschichten-Maschine" oder:

Ein Drehbuch für ein Mittelalter-Spektakel in 30 Minuten!

Person	Gegenstand	Ort/Stelle	Eigenschaft	Problem/Tatsache
Name				
		im Keller		
			total wütend	
	Schwert			Streit

1. Vorbereitung
– Zeichnet an der Tafel oder auf einem Blatt eine Tabelle mit fünf senkrechten Spalten und fünf waagerechten Zeilen
– Setzt in fünf Spalten quer folgende Überschriften ein: Person, Gegenstand, Ort/Stelle, Eigenschaft, Problem/Tatsache

2. Wörter-Suche
a Lasst euch von den Mitschülern Wörter zurufen, die zu den Überschriften in den Spalten passen und tragt sie ein.
Beispiele:
– Person: z. B. Klosterbruder Leo, Bauer Gerd, Gräfin Irene, Hexenjäger Heinrich u.s.w.
– Gegenstand: Kreuz, Beil, Heilkräuter, Nachttopf, Schwert, Vertragsrolle usw.
– Ort/Stelle: Marktplatz, Henkerturm, vor der Kirchtüre, im Keller, hinter dem Schrank usw.
– Eigenschaft: rachsüchtig, lustig, total wütend, laut weinend, hinterlistig u.s.w.
– geschichtliches Problem/Tatsache: Wachdienst, Zunftversammlung, Hexenverbrennung, Streit
b Tragt die zugerufenen Wörter auf der Tafel/der Seite immer schön kreuz und quer durcheinander ein, damit keiner sicher ist, in welche Zeile ihr sein Wort schreibt.
(Zufälle machen die Geschichten überraschend und lustig.)

3. Aus jedem Wort wird ein Satz gebildet
Wenn die Liste voll ist, kann das Schreiben beginnen. Die Wörter einer waagerechten Zeile genören zusammen.
a Um jedes Wort „herum" wird ein Satz gebildet, der natürlich zu den anderen Wörtern der Zeile passen soll!
b Die Reihenfolge der Wörter ist egal.
c Sind alle 5 Wörter erledigt, fasst ein zusätzlicher (6.) Schlusssatz die anderen 5 Sätze zusammen.

Jetzt gilt:
4. Die gefundenen 6 Sätze bilden ein Kapitel/Akt.

5. Wenn alle Kapitel fertig sind, wird ein Titel erfunden.
Vielleicht schreibt ihr einige Titel auf und stimmt ab, welcher euch am besten gefällt.

6. Rollen verteilen und spielen
Wenn ihr Zeit und Lust habt, könnt ihr die Geschichten auch spielen. Rollen und Handlung gibt es ja schon.
Viel Spaß!

Trärä, bumm bumm: Vorhang auf ...

Improvisierte Theaterszenen

Spiel-Anlässe: eine Sage, Vorkommnisse der Ortsgeschichte, Situationen aus dem Geschichtsbuch, Film-Stoffe, eigene Einfälle, „Drehbücher" aus der „Geschichten-Maschine" *(Seite 78)*

1. Bauern, Leibeigene, Burgpersonal, Knechte und Mägde
2. Handwerker, Waffenschmiede, Baumeister
3. Ritter, Fürsten, Burgfräulein, Knappen
4. Kleriker: Mönche, Pfarrer, Bischöfe, Kardinäle
5. Falkner, Jäger, Vögte, Folterknechte
6. Hof und Hofstaat: Kaiser, Kanzler, Kurfürst, Erzbischof von Köln
7. Herolde, Fahnenträger, fahrende Sänger, Marketender

„Lebende Bilder"/szenische Situationen

1. Bauern versammeln sich; Beschwerden über ihr Los; Mönche leisten Hilfe, aber keine politische Unterstützung; Beschwichtigung durch Kleriker, Zug vor das Burgtor; Vogt lässt Bauern greifen und nach Rücksprache mit Lehnsherrn foltern *(Folterknechte)*
2. Handwerker erhalten Aufträge *(Burg wird geplant, gebaut und ausgestattet),* Heer für Kreuzzug ausgerüstet *(Ritter).* Steuern und Abgaben werden erhöht, Hand- und Spanndienste gefordert ... Murren und Resignation bei den Bauern
3. Kaiser und Papst treffen sich und streiten um den Vorrang *(Wirtszelt mit „Einpeitschergruppen" von Klerikern und Rittern),* ein Herzog widersetzt sich dem Kaiser und bekommt die Fehde angesagt
4. Belagerung einer Burg, der Kampf als „Mauerschau": *Beobachter (Wachposten) schauen* seitwärts von der Bühne (angedeutet Mauerkrone) und sprechen über die nicht darstellbaren Vorgänge – Angreifer *(Schanzarbeiten, Schleuderer, Bogenschützen, Rammbock),* Verteidiger *(Steinewerfer, Ölschütter, Bogenschützen, Kampf auf Wendeltreppe).*
5. Ritterschlag *(zuvor „Knappenprüfung": manierlich essen können, Schwert führen, reiten usw.)*
6. Fest und Turnier. Ritterliche Darbietungen, Ritterkämpfe, Wettschießen. Bäuerliche Tänze, fahrende Sänger, Gaukler, Besuch des Kaisers, Tribüne für Bischöfe und Fürsten.

Hilfsmittel:

Bilder, Fotokopien, Textauszüge, OHP-Projektion oder Dias als Kulisse *(Leinwand),* Musik... Quellen aus dem vorangehegangenen Unterricht: Welche Position hatte die angesprochene Gruppe im Mittelalter? Welche Probleme hatte beziehungsweise verursachte sie? Wie war das Rechtsverständnis und so weiter...

Was ist zu tun:

Tonbecher herstellen, Pferdeköpfe aus Pappmaché, Kulissen, Requisiten, Waffen herstellen, Kleidung, Hüte, Schuhe aus Sackleinen/Samt/Lederresten/Filz nähen/ heften. Dreschflegel, Spaten und so weiter. Kinder bringen Haustiere mit, kleiner Tagesgarten, Buden, Feuerstelle mit gebratenem Fleisch an Spießen, Brotbacken, Malzbier vom Fass, Verkauf an Eltern und Besucher

Form ist eher	Spielform	historischer Bezugspunkt
spielerisch	• Blödel- und Klamaukspiele, lebende Bilder etc.	Bauernhochzeit gerät aus den Fugen *(Breughel);* fahrende Sänger *(Faxen zur Musik von Ougenweide)*
	• Rundumspiele/Provokation	Hofnarr prangert Missstände bei Hofe an, beschimpft Ehrengäste, die sich wortreich wehren *(Simplicius als Mondkalb)*
	• Kommunikationsspiele *(Partner, Kärtchen, Wortfelder)*	„Gerücht" entsteht; „Bildergeschichte" als Holzschnitt-Flugschrift
inhaltsbezogen	• Rollenspiel	Widukind vor Karl dem Großen *(Unabhängigkeit der Sachsen gegen fränkisch- christliche Kolonisation)*
	• Planspiel a) als Rollenspiel zwischen Gruppen b) Simulation sozialer Prozesse zur Lösung „objektiver" Konflikte	Hörige Bauern versuchen sich aus dem Feudalsystem zu lösen *(Konflikte, Parteiungen, Lösungsmodelle)*
	• Tribunal	Der Prozess Luther; Heinrich der Löwe *(1178)*
	• Expertenbefragung *(andere Geschichtslehrer, instruierte Schüler, fachlich kompetente Eltern)*	Zentralmacht und Partikularismus *(Grundlagen deutscher Geschichte im Mittelalter);* Papst contra Kaiser
theatralisch	• Lese-Theater/Hörspiel	Dieter Forte „Luther und Müntzer", Brecht „Galilei"
	• Szenische Improvisation	„Hexenverbrennung"; Straßenszenen auch zu modernen „Unpersonen"
	• Betroffenen-Theater	
	• Profi-Theater *(Einbindung/Auswertung)*	Schiller „Wallenstein", Brecht „Mutter Courage", Hauptmann „Florian Geyer"
	• Film	„Excalibur", „Jabberwokkey", Kohlhaas, Ritter der Kokosnuss, alte Historienschinken/„Mantel-Degen-Stücke"

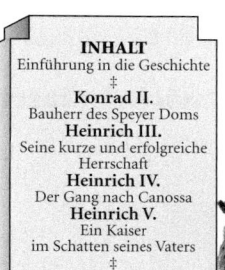

Alles über
das
Mittelalter
für

MITTELALTER-ILLUSTRIERTE

Wir berichten über alles: Verkehrsunfälle, Seuchen, Wallfahrten und Turniere

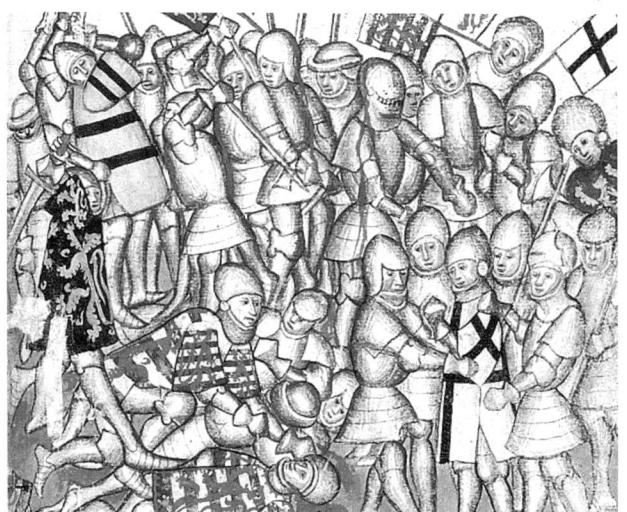

Schwere Kämpfe zwischen bergischen Bauern und dem Erzbischof von Köln bei Worringen

Worringen bei Köln, 1288

Heute morgen ist es zu schweren Gefechten zwischen Truppen der Freien Reichsstadt Köln und den Rittern des eigenen Erzbischofs gekommen. Im entscheidenden Moment brachen zahlreiche bergische Bauern aus dem Gebüsch und fügten dem Erzbischof Siegfried von Westerburg eine schwere Niederlage zu.

Gutinformierte Kreise glauben, daß der Bischof sich in Zukunft in seiner eigenen Stadt nicht mehr sehen lassen kann und in Kürze seine Residenz nach Bonn verlegen wird.

Sauerei – Schweineschlachten auf dem Alter Markt muß aufhören

Von unserem Reporter Christian von Weinsberg

Immer mehr Bürger beschweren sich in den letzten Tagen über üble Gerüche, Unrat und Rattenplage im Bereich der Schlachtecke am Alten Markt.

Es wird höchste Zeit, daß der Rat der Stadt hier einschreitet und die unhaltbaren Zustände bald beseitigt.

Lesen Sie morgen:

- Neue Mode beim Ball im Tanzhaus vorgestellt –
- Vorberichte zum Herbst-Turnier anläßlich des Kaiser-Besuches!

Was ihr tun könnt …
– Fertigt Zeitungsberichte an und bebildert sie mit selbstgemalten oder fotokopierten Bildern und Zeichnungen.
– Ihr könnt auch aktuelle Vorkommnisse aus Schule und Wohnort „auf alt frisieren" – witzig und frech ist Trumpf!

Ein historischer Fotoroman – leicht gemacht!

Story ausdenken – Kostüme anziehen – Fotos machen – entwickeln lassen – beschriften – fertig!

(Hier ein Beispiel der Pädagogischen Aktion München)

bei Föhring. Markt- und Zollrecht hatten dort seit langem die Bischöfe von Freising. Bischof Otto, der in unserer Geschichte eine Rolle spielt, war ein sehr gelehrter Mann.

Die meiste Zeit regierte Heinrich in Sachsen und kam nur einige Male nach Bayern selbst, vor allem wenn er dem Kaiser auf einem Kriegszug nach Italien folgten mußte. So war er den Leuten in Bayern eigentlich recht fremd geblieben.

Mönche stammten. Vielleicht von Tegernsee oder vom Kloster Schäftlarn? Auf jedenfall gab es die einzige Brücke in dieser Gegend, die über die Isar führte, weiter flussabwärts:

Die Fuhrleute mussten an der Brücke ihr Salz, das sie meist in Scheiben geladen hatten, verzollen. Außerdem mussten für alle Waren, die auf dem Markt in Föhring verkauft wurden, Marktsteuern entrichtet werden.

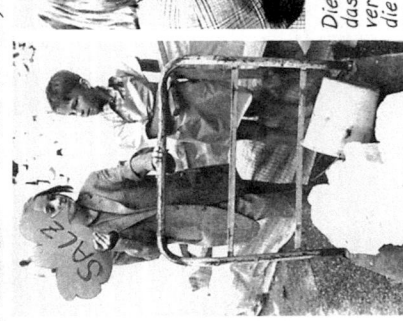

Lange bevor es ein München gab, siedelten im dortigen Gebiet an der Isar Mönche. Da es in den Klosterbüchern keine Eintragungen gibt, weiß man nicht genau woher die

Die Brücke brachte dem Bischof von Freising viel Geld ein, denn der gesamte Handel verlief über diese Brücke. Von jedem Fuhrwerk wurde Brückenzoll kassiert und so brachte vor allem der rege Salzhandel nach Norden viel Geld.

FREISING ZUR BRÜCKE

Als nun an der Sachsenkönig Heinrich, der den Beinamen „der Löwe" trug, von Kaiser Friedrich Barbarossa auch den Herzogstitel für Bayern zugesprochen bekam, versuchte er sofort, diese Geldquelle für sich zu erschließen.

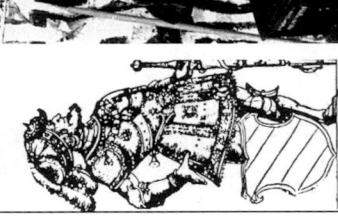

HERZOG HEINRICH den LÖWEN
BAYERN

Der Kampf um die hölzerne Brücke

Ein Fotocomic – zusammengestellt von der Fotogruppe im Haidhausen. Schulhof a.d. Kirchenstraße

78

Gipsen, sägen, kleben, malen ...

Modellbau leicht gemacht

Die Herstellung von Dioramen, Stadt- oder Dorfmodellen, historischer Szenen (z. B. Belagerung einer Burg auf hohem Felsen und Siedlung im Tal) und Gebäude-Gruppen kann wirklich mit einfachsten Mitteln erfolgen.

> **Zwei Haupt- und General-Tipps:**
> → Sich nicht unter Druck setzen lassen: „Das muss 100 Prozent genau sein!", „Die Materialien sind viel zu teuer!", „Das kriegen wir doch nicht hin!", „Die Zeit reicht nicht!" u.s.w.
> → Improvisation, Einfallsreichtum und Spaß an der Arbeit ist alles!

Material- und Konstruktions-Vorschläge
(die fast nichts kosten!)

1. Die „Grundlage"
Ein altes Brett, ein Türblatt, eine Platte Restholz aus der Schreinerei oder dem Baumarkt wird „Grundlage" des Modells.

2. Landschaft
a) Wird nur eine flache Grundfläche gebraucht, bemalt man am einfachsten die Platte direkt mit Farben.
b) Hügelige Landschaften formt man so: geknülltes Papier, grob zurechtgeschnittene Styropor-Reste, Kartons und Kartönchen unterschiedlicher Größe auf der Platte befestigen; Oberfläche aus eingekleistertem Zeitungs- oder Packpapier oder in dünnem Gips getränkten alten Tüchern

c) Oberflächen: Die Oberfläche wird satt mit Farben bemalt oder eingekleistert und mit gefärbtem Sägemehl, Sand oder Kies bestreut. Bäume und Sträucher kann man mit Ästchen und gefärbten Stückchen vom Tafelschwamm herstellen.

3. Gebäude
Kleine Pappschachteln, geschnittene und verputzte Styropor-Reste, Gips-Würfel *(gegossen)*, Holzklötzchen von Holzleisten abgesägt usw. bilden die Grundlage; bemalen.

4. Figuren
geformt aus Knete, weichem Ton oder Pappmaché *Gekaufte Figuren (alte Playmobil-Männchen, Spielzeugritter) machen oft Schwierigkeiten wegen der Größenverhältnisse; Profi-Figürchen aus dem Eisenbahn-Modellbau sind meist zu teuer.*

Komplizierte Dinge *(Ritter, Wagen mit Rädern, Belagerungsmaschinen)* können auch auf Pappe gemalt oder mit Fotokopien beklebt und auf umgeknickter „Fuß-Kante" aufgestellt werden.

> **Was ihr sonst noch tun könnt:**
> – Becher und Teller aus Ton formen und unglasiert brennen; *(aus Holz schnitzen ist wesentlich aufwändiger)*
> – Zelte aus Bohnenstangen und zusammengenähten Tüchern; Feuerstelle aus gesammelten Steinen oder Ziegeln usw.
> – im Buchhandel/Bastelgeschäft nach vorgefertigten Papier- oder Plastikmodellen zum Selbstbau fragen

Lustige Foto-Wand

„Brautpaar", Maximilian I. und seine Braut Maria von Burgund

So gibt es bei eurem Fest viel Spaß
(… und kleine Gewinne für eure Kasse!)

1. Ein großes Brett zum Stehen bringen *(seitliche Stützen oder Seitenflügel mit Scharnieren anbringen)*

2. Das Bild auf das Brett übertragen *(frei Hand oder mithilfe einer fotokopierten Folie und Tageslichtprojektor)*

4. Gäste hinter das Bild treten lassen, Gesichter durchstrecken und Foto machen *(Sofortbild-Kamera)*

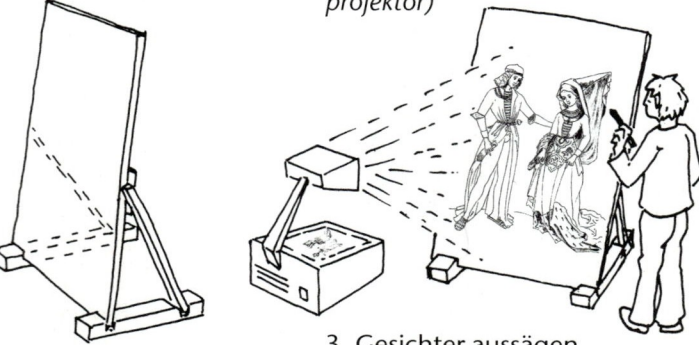

3. Gesichter aussägen.

5. Festgesetzten Betrag oder Spende entgegennehmen.

80